革故鼎新：新中国成立初期公立大学的接收与改造

李　晶　著

合肥工业大学出版社

前　言

　　教育是民族振兴、社会进步的重要基石，建设教育强国是中华民族伟大复兴的基础性工程，而高等教育是我国教育事业的重要组成部分，承担培养德智体美劳全面发展的社会主义建设者和接班人的重要职责。高等教育应坚持中国共产党的领导，坚持社会主义办学方向。2018年9月10日，习近平总书记在全国教育大会上指出高等教育应当"立足基本国情，遵循教育规律，坚持改革创新"①，进一步明确了新时代高等教育的发展方向和基本遵循。新时代赋予高等教育新的使命，面对时代发展的巨大考验，要求我们不断加强中国共产党对高等教育事业的领导，注重发展创新，推动高等教育事业不断取得新的突破。

　　重视吸取历史经验是中国共产党的优良传统。中国共产党历来重视教育事业的发展，特别是高等教育事业的发展。我们站在历史节点上，重温重要的历史事件，吸取中国共产党领导的公立大学②接收和改造的经验，鉴古知今，可以更好地指导今天高等教育事业的改革和发展。从1949年新中国成立，至1956年底社会主义三大改造完成的这一阶段，是新中国成立初期中国社会急剧变化和发展的重要时期。面对百废待兴、百业待举的历史局面，特别是为适应新中国大规模经济建设对人才的需要，中国共产党及时有效地领导了旧有公立大学的接收和改造工作，通过一系列的改革措施，为新中国的公立大学发展，以及整个高等教育事业的发展夯实了根基，进而基本构筑起了新中国高等教育的制度体系。

　　就接收和改造的对象而言，因中国共产党领导的根据地和解放区的大学具有干部培训学校的性质，主要以短期培养干部为目的，办学上并不是非常正规。而国民

　　① 《习近平在全国教育大会上强调坚持中国特色社会主义教育发展道路　培养德智体美劳全面发展的社会主义建设者和接班人》，《人民日报》2018年9月11日，第1版。
　　② 本书所涉及接收和改造的公立大学特指国民党政府直接管辖之下的正规高等学校，而中国共产党独立自主领导下的革命根据地各类高等学校并不属于本书考察的范围。

政府时期的公立大学，无论从办学结构、规模和层次来说都具备了公立大学的特点。通过对国民政府时期旧公立大学废旧立新的改造过程，中国共产党在公立大学中确立了领导地位，并确立了马克思主义的指导思想和为人民服务的办学理念，也明确了新中国高等学校的性质和主体功能。

历史辉映未来，今天我们对这段历史的研究，不仅要运用历史的、辩证的唯物主义方法，还要通过历史的角度纵览中国共产党对高等教育的领导和发展之路。历史和实践表明，中国共产党对旧有公立大学的接收和改造是正确的。本研究试图通过真实的史料，还原新中国成立初期中国共产党对公立大学接收和改造的全过程，并对接收和改造的成果进行客观评价。新中国成立初期，面对百废待兴的历史局面，中国共产党进行的高等教育改革实属不易，从中取得的成果更是成为奠定中国特色社会主义高等教育发展的基石。本书试图以国民政府时期的公立大学为切入点，借助珍贵的历史资料，在现有研究成果的基础上，对新中国成立初期中国共产党对公立大学的接收和改造的全过程，特别是思想改造、课程建设、教学改革等方面做全面的述评，分析这一过程中的利弊得失，以史为鉴，更好地面向未来。

新中国成立初期的高等教育改革是一个革故鼎新的过程，也是中国共产党教育理念在摸索中前进，并取得阶段性成果的重要阶段。本书研究主要目的是依据中国共产党教育理念，从历史的视角深度还原1949年至1956年党对旧公立大学的接收和改造的发展历程，并深入探讨其对中国特色社会主义高等教育发展的启示和重要影响。其理论价值在于不断拓展和深化中国共产党关于高等教育发展的理论和政策研究，为中国共产党的治国理政提供理论依据；学术价值在于深化对中国共产党高等教育理念的深刻认识和实践意义，为新时代中国共产党领导下的高等教育事业发展研究贡献力量。

目　　录

第一章　国民政府时期公立大学概况 ……………………………………（001）

第一节　公立大学的概念和性质 …………………………………（001）

第二节　国民政府时期公立大学的发展概况 ……………………（004）

第三节　国民政府时期公立大学存在的问题 ……………………（009）

第二章　公立大学接收和改造的历史过程 ………………………………（017）

第一节　1949—1951 年：公立大学的接收和初步改造阶段 ……（017）

第二节　1951—1953 年：公立大学的院系调整阶段 ……………（029）

第三节　1954—1956 年：公立大学的巩固和发展阶段 …………（034）

第三章　公立大学接收和改造的主要内容 ………………………………（039）

第一节　公立大学接收和改造的目标与方针 ……………………（040）

第二节　公立大学师生的思想改造 ………………………………（046）

第三节　公立大学制度的改革 ……………………………………（057）

第四节　公立大学教育教学的改革 ………………………………（072）

第四章　公立大学接收和改造的基本成效 ………………………………（083）

第一节　社会主义高等教育的格局基本确立 ……………………（084）

第二节　高等学校师生政治觉悟显著提升 ………………………（090）

第三节　教育教学改革取得新的成果 ……………………………（096）

第五章　公立大学接收和改造的经验与启示 ………………………… （104）

　　第一节　公立大学接收与改造的历史经验 ………………… （105）

　　第二节　公立大学接收与改造的主要启示 ………………… （116）

参考文献 ……………………………………………………………… （129）

后　记 ………………………………………………………………… （138）

第一章　国民政府时期公立大学概况

国民政府时期指 1927 年至 1949 年国民党政权在大陆垮台前的这一历史时期，主要包括国民党政府建立初期、抗日战争时期、从抗战胜利到国民党政府在大陆统治垮台的时期。而这里高等学校的研究范围仅限于国民政府直接管辖下的正规公立大学，其性质和办学主旨主要体现在它所服务的统治阶级。国民政府时期的公立大学在制度体系、规模和层次上在近代历史上都是较为完备的，事实上也取得了一定的成绩。但是，国民政府所代表的是大地主大资产阶级的利益，教育主权在腐朽的统治者手中，使高等教育难掩其腐朽落后的本质。在当时，国民政府发展高等教育的出发点也仅仅是为了巩固其统治。高等教育的发展如果损害了统治阶级的利益，必然会被压制，事实上它严重地阻碍了大学自由的学术发展和教育的革新。彼时，中国的公立大学发展是极其缓慢的，远远落后于当时世界上的先进国家。经济贫困落后，文盲随处可见，人民文化水平整体落后。随着历史变革时代到来，在国民政府的统治下，公立大学所存在的各种弊端日益凸显，无法适应新型政权建设的需要。这也成为新中国成立后，中国共产党接收和改造国民党统治下的公立大学的根本原因。

第一节　公立大学的概念和性质

在我国高等学校的构成中，公立大学是其重要组成部分。公立大学的经费主要来源于政府的拨付，公立大学的性质主要体现在它所服务的阶级属性上。国民政府时期的公立大学和中国共产党领导下的公立大学因其所服务的阶级不同，决定了其性质根本上的不同。

一、公立大学的概念

公立大学是我国高等教育的重要组成部分。在研究新中国成立初期，公立大学的接收与改造时，我们首先应对公立大学的概念做出明确界定。关于公立大学的概念界定，业界有几种不同的认识。一是从经费来源界定公立大学，《教育大辞典》中指出："高等学校（Public Institution of higher education）由各级政府及公共组织（如国营企事业单位）开办，管辖和提供经费的高等学校。收费一般低于私立高等学校，有的实行免费。在多数国家是高等教育系统的主体。"[①] 颜锦江（2011）也持有同样观点，他认为公立大学的创建和管理者是中央和地方政府，并由其负责公立大学的全部或部分经费的拨付。其公立的特征主要体现在"每年能持续获得政府拨款。"[②] 二是大学所提供给社会的高等教育产品的属性。雷家彬（2009）认为区别高等教育的性质和类型主要看它为社会提供服务的不同。公立大学最大的特性就是其公共性或者公益性质，其办学的主要目的是为国家和社会服务，教学与科研内容主要体现在其从事的基础学科的教学任务和基础性科研上面。三是从财产的所有权来界定，公立大学的财产属于公有的，即为公立大学。

因为本书是从政府对公立大学的治理和其所服务的阶级属性进行研究，综上观点，公立大学（Public University）相对私立大学而言，是指为满足公共目的、由政府出资创办维持并为国家服务的高等学校，它是我国高等教育系统的重要组成部分。公立大学包括国立和省（市）立的大学，它们的资金来源主要是政府津贴，其特征主要体现在所服务的阶级属性。国民政府时期的公立大学主要包括国立大学、省（市）立大学。前者由中央政府直接出资举办，后者则是由省、市政府出资创办的大学。其办学经费主要来源于国、省库等的财政拨款。

二、公立大学的性质

公立大学主要是由政府资金维持的为国家服务的高等学校。因此，公立大学的性质主要体现在它所服务的阶级属性上。国民政府时期的公立大学和中国共产党领导的公立大学虽然经费的主要来源都是政府财政拨付，但其所服务阶级的不同决定了他们性质的不同。国民政府时期的政府是代表着大地主大资产阶级的政府，因而其公立大学也是为大地主大资产阶级统治的旧中国服务的；新中国的中央政府是代表着广大人民的政府，其公立大学也是为社会主义新中国服务的。因此，新中国成立之后，国家全面接收和改造国民政府时期旧有的公立大学，并建立社会主义新中国的高等教育制度是时代赋予中国高等教育的全新使命。这个废旧立新的过程为新中国公立大学的发展奠定了坚实的基础。

---

① 教育大辞典编纂委员会：《教育大辞典》第 3 卷（高等教育、职业技术教育、成人教育、军事教育），上海教育出版社 1991 年版，第 73 页。

② 颜锦江：《中国公立大学政府规制研究》，四川大学出版社 2011 年版，第 20 页。

（一）国民政府时期公立大学的性质

1927 年 4 月 18 日，国民党在南京建立了国民政府，国民党统治时期的高等教育也随之得到了发展。在教育方针上，执政者最初坚持的"联俄、联共、扶助农工"的新三民主义政策被逐渐抛弃，取而代之的是国民政府极力推行的"党化教育"，实行一党专政，实质上是要使学校的教育国民党化，从而实行"以党治国""以党义治国"的独裁专制。① 学校成为执政者实施政治统治的工具，执政者效仿美国的办学模式，进行立法和制度建设，把教育纳入国民党的政策轨道上。一些进步的知识分子愤慨于此种文化教育的法西斯统治方式，纷纷加以抵制。为掩饰其教育本质，1928 年，在国民政府大学院的第一次全国教育会议上，执政者重新用"三民主义教育"来取消原来的"党化教育"，表明实行三民主义的教育方针，高等学校的教育教学工作都围绕三民主义教育展开，保证不偏离教育的航向和目标。但是，在南京国民政府统治稳定之后，其反动的本质逐渐暴露出来，三民主义教育完全成为一种统治工具，它所包含的科学、民主的内涵并未被真正实行，更多是徒有虚名。三民主义教育逐步蜕变成为国民党一党专制、防共反共的教育。总体而言，国民政府的高等教育是建立在旧中国半殖民地半封建社会性质基础上，其政治、经济、文化背景对旧高等教育有着重要的影响。国民政府时期的公立大学，在领导权上，归属于代表着大地主大资产阶级的政府，指导思想是封建的、买办的、法西斯主义的思想，办学的方向是为大地主大资产阶级统治的旧中国服务的。

（二）新中国公立大学的性质

1949 年 10 月，新中国诞生，具有临时宪法性质的《共同纲领》规定了新中国的文化教育是民族的、科学的、大众的新民主主义文化教育。因此，新中国公立大学是为人民服务的，其主要任务就是在高等学校逐步肃清封建的、买办的、法西斯主义的思想文化，确立为人民服务的思想，并致力于提高人民的文化水平，为国家培养建设者和接班人。1954 年，《中华人民共和国宪法》颁布，用法律的形式保障了人民享有受教育的同等权利。为使公民能更好地实现受教育的权利，新中国主要通过逐步扩大各级各类学校的规模和增加各类文化教育的机构来实现这一目标，并且更加关注青年学生的成长和成才。《宪法》还规定了教育的性质和内容，成为新中国高等教育发展的根本指导方针。

根据《共同纲领》和《中华人民共和国宪法》的相关规定，新中国公立大学与国民政府公立大学最大的不同在于，新中国公立大学是受工人阶级领导，服务于最广大人民群众，其指导思想是马克思列宁主义、毛泽东思想，在办学方向上是为工人阶级领导的、以工农联盟为基础的新中国服务。公立大学的宗旨是运用理论与实

---

① 郝维谦、龙正中主编：《高等教育史》，海南出版社 2000 年版，第 14 页。

际相结合的教育方法，培养具有高级文化水平和掌握现代科技成就的高级建设者和接班人。

第二节　国民政府时期公立大学的发展概况

1927 年，国民政府在定都南京后，于是年十月成立了中华民国大学院，并颁布了大学组织条例，随后在江苏、浙江两地试行，这是我国大学教育制度的最大变化。随着形势的变化，教育部代替了中华民国大学院的职责。1929 年，国民政府教育部颁布了《大学组织法》《大学规程》，之后又颁布了《专科学校规程》。高等学校的规模逐渐完备，其设施方针均以三民主义原则为基础。按照开办的形式，大学可以分为四种，即国立、省立、市立和私立；其中"大学分文、理、法、教育、农、工、商、医等学院。具备三学院以上者，始得称为大学。惟因大学注重实用科学，此三学院包含理学院或农、工、医各学院一"①。公立大学包含国立大学和省、市立大学。国立大学是由教育部依据审查各省市的实际情况后而创办的，省、市立大学是相关省政府或市政府根据实际情况创办的。国民政府的教育宗旨为："中华民国之教育根据三民主义，以充实人民生活，扶植社会生存，发展国民生计，延续民族生命为目的；务期民族独立，民权普遍，民生发展，以促进世界大同。"② 为实现这一教育宗旨，国民政府通过法令和规章的颁布对高等学校进行全面管理，并对其办学方向做出明确规定：大学和专门学校的培养目标和侧重点是有所不同的。根据国民政府教育宗旨和方针，大学和专门学校的主要目标是培养具有较高学术研究水平的专业性人才，注重培养的是精通某一专门性学问的人才；而专科学校的主要目标是培养掌握实际应用能力的技术性人才，注重运用实用性技术人才的培养。

抗日战争时期，国民政府的高等教育受到了战争的破坏，但在这一时期，教育部也十分注重对师生的培养，帮助困难学生，抚恤教职员工，并通过一系列教学改革措施，例如修订课程、审查师资等方式来保护高等教育，促进其发展。在这一时期，高等学校还有一定数量上的增加。抗日战争胜利后，教育部将国立专科以上学校的校址进行合理地支配，保证高等学校不集中在大城市地区，同时也拨付了大量的经费用于公私立专科以上高等学校的校舍维修和添置工作。由于国民政府腐朽落后的统治，经济萧条再加上连年的战争破坏，教育部已无力按照计划付诸实际行动，公立大学在战乱频仍的时局下艰难发展。上述为国民政府时期高等学校发展的基本

---

① 教育年鉴编纂委员会：《第二次中国教育年鉴》（第 3 册），文海出版 1986 年版，第 490 页。
② 王兴杰：《第一次中国教育年鉴甲编教育总述》，上海开明书店 1934 年版，第 8 页。

过程，其具体规模、结构和课程设置等内容如下。

一、国民政府时期公立大学的规模

1927 年，南京国民政府成立，国民党统治下的高等教育发展阶段由此开始。虽然这一时期的战争连年不断，经济落后，政府用于高等教育的经费不足，但高等学校的数量和学生数还是得到了一定程度的增长。在这期间，高等学校的门类是较为齐全的，高校教育体制也较为完备，高等学校的数量和学生的人数也在不断增加。1927 年至 1936 年被称为民国高等教育发展的黄金时期，以 1931 年为分水岭，之前主要注重高等学校数量上的增加，之后逐步开始注重质量的提升。

全国高等学校的数量。公立高等学校在人才培养方面发挥了重要的作用，而其在高等学校中所占比重较高，是高等学校的主要构成部分。国民政府统治时期，以 1947 年为例，"全国专科以上学校共有 207 校，其中大学分为国立、私立二类：国立大学计有 31 校，……国立学院计有 23 校，省立学院计有 21 校，国立专科学校计有 20 校，省市立专科学校计有 33 校"[1]。公立大学约占高等学校总数的比例高于 60%，第二年有所增加。之后，中国人民解放军陆续解放了一些大的城市，大批高校也因此开始由人民政权所接管，进行接收和改造。

全国专科以上的学生的数量。"学生人数十七年度计 25198 人，至二十年度达 44167 人，为二十年度以前历年度人数最多之一年度。"[2] 但问题在于，在这些学生中，文学、教育、法学等院系学生占总数的 74.6%，理工科学生的人数所占比例较小。面对这一问题，国民政府在增加高等学校数量的同时，也开始注重文理科学生的比例和质量。文科和实科比例趋于合理，工科加快发展步伐，在一定程度上促进经济社会的发展。同时，公立大学的规模和人数也在逐年提高。虽然高校历经战争的破坏，以及国民政府的经费投入不足等问题，但民国时期高校学生数量也在一定程度的增加。1938 年，战争局势逐渐稳定，学校数量和学生数都有一定程度增加，1946 年，收复区停办的学校也依次恢复。到"民国三十六年，专科以上学校在校生人数为 155036 人。……民国十七年全国专科以上学校毕业生人数为 3253 人，到三十六年度更增加至 25098 人"[3]。与北洋政府时期相比较，大学生的数量增长了 7 倍之多，总体上保证了高等教育的发展和人才的培养。

二、国民政府时期公立大学的主要构成

1927 年，南京国民政府建立以后，中国近代高等教育进入一个发展相对迅速的

① 教育部教育年鉴编纂委员会：《第二次中国教育年鉴2》，商务印书馆 1948 年版，第 577-578 页。
② 教育部教育年鉴编纂委员会：《第二次中国教育年鉴2》，商务印书馆 1948 年版，第 525 页。
③ 教育部教育年鉴编纂委员会：《第二次中国教育年鉴2》，商务印书馆 1948 年版，第 528 页。

时期，高等教育在当时初具规模，高等教育的制度也逐步得到完善，公立大学的分类也更加明确。如前所述，文中提到的接收和改造的公立大学特指国民党政府直接管辖之下的正规高等学校，而中国共产党独立自主领导下的革命根据地的各类高等学校并不属于本书的考察范围。

（一）国民政府时期国立大学概况

国民政府时期，国立大学在规模和数量上是有所增加的，除最早设立的国立北京大学、国立北洋大学等四所国立大学外。南京国民政府成立后，共设立了 31 所国立大学，其中包括国立中央大学、国立中山大学等。1949 年，新中国成立后，教育部等部门要求相关院校去掉"国立"二字，新中国的大学不再以"国立"冠名，但这些大学依然在政府的管理范围内。这一时期，国立大学无论在教学规模、教学设备等方面都得到一定程度的发展，以北京大学、清华大学、中央大学、交通大学为代表高等学校得到了迅速的发展。

清华大学前身为清华学堂，1928 年 8 月，国民党正式将它定名为国立清华大学。清华大学在发展的过程中，院系经过多次调整，到 1934 年才基本定型。到民国"三十五年十月十日开学，共有五学院二十六学系。研究院有中国文学、外国语文、哲学、历史……等十四研究所"[1] 并招收一定数量的研究生。这一时期，清华大学的"办学方针、教学制度、课程设置、教学作风与战前基本上一脉相承，保持了清华的治学精神和文化特征"[2]。清华大学以自己对教育基本规律的正确认知，以及师生的报国志、民族情，更进一步确立了其深厚的历史地位。

北京大学是我国历史悠久的著名高等学府，最初设置学院较少，到 1947 年，"该校现有理、文、法、农、工、医六学院，二十学系，二十八学科。……三十六学年度第一学期学生总计 3478 人，内有土耳其印度学生若干。男生 289 人，女生 599 人，住宿生 2980 人，走读生 752 人"[3]。北京大学在复原后逐步稳定了招生人数和学校发展规模，"各系利用北平旧有的和新购的图书仪器资料，不但恢复了抗日战争前的旧观，而且还做了局部的改进工作。……同时，还添置了图书资料，加强了实验设施"[4]。这些都为复原后顺利开展教学、实习创造了良好条件，再加上其较强的师资力量，保证了北京大学多数院系高质量教学工作的展开。

国立中央大学是在东南大学改组的基础上，由河海工程大学、江苏政法大学等高校合并而成的大学，后改名为国立中央大学。国立中央大学共设有包括文学院、

① 教育部教育年鉴编纂委员会：《第二次中国教育年鉴 2》，商务印书馆 1948 年版，第 112 页。
② 江崇廓：《清华大学》，湖南教育出版社 1995 年版，第 25–26 页。
③ 教育部教育年鉴编纂委员会：《第二次中国教育年鉴 2》，商务印书馆 1948 年版，第 110–111 页。
④ 萧超然：《北京大学校史》（1898—1949），上海教育出版社 1981 年版，第 303 页。

法学院、理学院在内的"7个学院、42个系科"。[1] 截至1947年1月,"该校教职员共有1266人……学生共有4068人,内研究生47人,大学生3905人,专修科学生116人"[2]。国立中央大学是国民党统治时期规模最大、系科门类最多综合性大学。

(二)国民政府时期省、市立大学概况

省立大学或市立大学由各省政府或市政府设立,省立大学包括省立独立学院和省立专科学校。国民政府时期,随着各省市高等教育的逐步发展,公立大学的规模也在进一步扩大,因此各地区高等学校都有不同程度的提高。省立大学包括省立独立学院,和省立专科学校。1947年,包括江苏、安徽、湖北、四川、湖南、河北、山东、福建、广东、广西、新疆及台湾省等在内的省份共有31所独立学院和26所省立专科学校,同时还包括北平市立体育专科学校、上海师范专科学校等市立专科学校。这些高校主要是由省政府和市政府财政负担,为促进当地高等教育发展而设立。

三、国民政府时期公立大学的课程设置

国民政府时期公立大学依据其培养人才的目标来进行课程的设置。高等学校的课程设置要求人才培养是以国家发展为需要储备人才,在三民主义教育的基础上,实现学生德智体的发展。具体而言,研究社会科学的学生应当秉持三民主义的精神,融汇中西、博闻强识,"以期创造三民主义的文化价值"[3]。对于从事自然科学研究的学生来说,他们要注重实用性理论和技能的培养,"致力于有益人类增进文明之发明发现"[4]。这些规则成为国民政府时期高校课程设置的重要依据,最主要的还是以通才教育为目标。在《大学规程》和《专科学校规程》颁布之前,高等学校的课程设置各校是较为混乱的。在这两部规程颁布之后,体系不完善的大学课程才得到一定程度的改观。为保证各个高等学校拥有可以遵循和参考的课程,《全国各大学分系课程比较表》于1937年制定,其中,主要科目分类的主要标准是按照高校的院系设立的。次年9月,在第一次大学课程会议上,到会专家主张课程设置应当具备一定的弹性:"教育部仅规定各科最低标准,使各校可因特殊情形,增加其内容。"[5] 具体就是要保证在制定学分时,各个系别要求适当宽松一些,无须具体划分系别但也应适当规定所学课程。当时大学和独立学院公共必修课主要是党义、国文、体育和军事训练以及第一和第二外语,在大学的一年级学生中设置基本科目,在完成基

---

① 教育部教育年鉴编纂委员会:《第二次中国教育年鉴2》,商务印书馆1948年版,第106–107页。
② 教育部教育年鉴编纂委员会:《第二次中国教育年鉴2》,商务印书馆1948年版,第101,106页。
③ 朱子爽:《中国国民党教育政策》,国民图书出版社1941年版,第97页。
④ 朱子爽:《中国国民党教育政策》,国民图书出版社1941年版,第97页。
⑤ 教育部教育年鉴编纂委员会:《第二次中国教育年鉴2》,商务印书馆1948年版,第496页。

础课程后再进行专门课程的学习，以逐步加深专业课程的学习。1938 年 9 月，各校将文、理、法三学院共同必修科目表正式公布出来，从 1938 年的一年级新生开始一律施行。大学和专科学校都采用学分制，学生只有修完一定的学分才能毕业，而且不得提前毕业。以民国二十七年修订的理学院共同必修课为例（见表 1-1 所列）。

表 1-1　修订理学院共同必修科目表①

科目	规定学分	第一学年		第二学年	
		上	下	上	下
三民主义	4	2	2		
伦理学	3			3	
国　文	6	3	3		
外国文	6	3	3		
中国通史	6	3～4	3～4		
普通数学、微积分学（选习一种）	6～8				
社会科学概论、法学概论、政治学、经济学、社会学（选习一种）	6			3	3
普通物理学、普通化学、普通生物学、普通心理学、普通地质学、地学通论（选习二种）	12～20	3～5	3～5	3～5	3～5
总计	49～59	17～20	17～20	9～11	6～8

　　这一课表重点强调大学各学院第一年对必修课程的学习，无论文、理科都注重加强三民主义、国文、外国文、中国通史等课程的教育。除表中所列必修科目外，三民主义及军训均为必修科目但不计入学分中。系别的划分自第二学年开始，而实际科目的设定也要依据学生所在院系的基本性质来制定。除文、理、法三院外，其他的师范学院、农学院、工学院、商学院都强调国文、外国文基础课程的学习，还规定了考核通过的标准，体现出国民政府时期高等教育借鉴欧美通识教育的特点，培养出具备通才能力的学生。同时大学采取的是学年制，各学科学习以学分计算。虽然民国时期科目表几经修订，但基本上都是围绕上述培养目标展开的。在抗日战争胜利后，为配合宪政建国的需要，国民政府教育部按照"注重主要科目……选修

① 教育部教育年鉴编纂委员会：《第二次中国教育年鉴 2》，商务印书馆 1948 年版，第 497 页。

科目亦不必太多"① 等五项原则要求大学进行自我检查和课程的修订，保证课程改革以适应国民政府培养人才的需要，并通过院系调整、充实教材内容、改进教学方法等方式维护国民政府对高等教育的统治。

客观上来看，国民政府时期的公立大学在整体规模和层次上日趋完备。但是在战乱频仍的历史背景下，公立大学的发展受到严重影响。特别是国民政府，它代表的是大地主大资产阶级的利益，虽然在"三民主义"为教育宗旨的外壳下，实质上难掩其腐朽落后的教育本质，高等教育的发展实际上每况愈下。随着历史变革的到来，国民党政府领导的公立大学所存在的各种问题日益暴露出来。

第三节 国民政府时期公立大学存在的问题

旧中国的公立大学由于受到政治社会多方面条件的限制，无法得到良好的发展且存在诸多问题。一方面受到半殖民地半封建社会政治、经济条件的制约相当落后，刻着深刻的半封建半殖民地社会印记，教育主权是不完整的。同时由于国民政府的腐败，经济衰退和科技文化的不发达，无法真正地建立先进的高等教育体制，特别是随着国民党反动派发动旷日持久的反共内战，导致公立大学的经费日益缩减，办学十分困难。另一方面，由于教育水平的限制，社会上存在许多文盲，基础教育的不发达直接导致了高水平和高质量的高等教育无法建立起来。因此，国民政府时期的公立大学存在着诸多的问题，严重影响了我国高等教育的发展。对于新生的政权来说，高等教育发展受困这一情况严重地阻碍了各项事业的发展。

一、公立大学分布极不合理

国民政府时期，我国的公立大学在地区、层次结构等方面均存在不合理发展的问题。国民政府时期，我国的公立大学分布极其不均衡。由于旧中国是半殖民地半封建的落后农业国，工业基础非常薄弱，很多物品需要从外国进口，因此近代化工厂大多设在沿海、沿江大城市。沿海发达地区分布了较多的为旧中国政治、经济服务的高等学校，南京、北京、上海、天津和广州等地高校数量占比较高，而在相对落后的地区明显缺乏。这样的分布方式不能实现人才的合理配置，也无法带动和提升落后地区经济文化的总体发展。以华东地区为例，当时的高等学校数量较多，仅上海地区就占全国高等学校总数的五分之一。就全国来说，高等学校的数量还是很

---

① 教育部教育年鉴编纂委员会：《第二次中国教育年鉴2》，商务印书馆1948年版，第504页。

少的，并且质量也不高，远不能满足各项建设工作对人才的需要。到新中国成立时，内地和边远地区的高等学校的数量依旧较少，河南、山西、新疆等省区只有一到两所大学且学校规模比较小。诸如青海、西藏、宁夏、内蒙古等地区更是没有设立大学。教育资源区域分布的不合理带来了一些问题，最直接的就是难以带动各地区经济文化水平的整体提升。

规模小且结构不合理。从规模上看，在 1949 年新中国成立前，全国高等学校有 205 所，高等学校学生占全国人口的比重极小，平均每万人中仅有高等学校学生 2.2 人。高等学校的毕业生人数也很有限，无法满足国家经济文化建设的需要。在文盲占绝大多数人口的情况下，高等学校的学生实属凤毛麟角，工农群众更是被排斥在高等学校的大门之外，这对于提高国民整体文化水平是极其不利的。从层次结构看，研究生教育非常薄弱。1947 年，在国民党统治区内，"公立大学在校生 96880 人。其中，本科生 80358 人，约占 82.9%，专科生 16213 人，约占 16.7%。而研究生只有 309 人，所占比例仅为 0.0031%"①。显然，高等教育层次结构比例严重不平衡，无法满足国家对高层次人才的需求。这个问题在新中国成立前夕已悄然存在，依然沿袭着以培养本科生为主，专科学生、研究生较为薄弱的状况。在高等学校中，设立的科研机构和开展的科研工作都很少，这种状况反映了旧中国经济、科技落后，工业很不发达的现实。

工科院校的比重小。新中国成立后，面对被战争破坏的国民经济，需要进行大规模的工业化建设，但当时的工科院校比重小。旧中国的工业残缺、科技落后直接导致了高级工程专门人才的缺少。以新中国成立前的 1947 年为例，"在 15.4 万人的在校生中，工科 2.8 万人占 17.8%，农科 1 万人占 6.6%，医药 1.2 万人占 7.7%，师范 2.1 万人占 13.5%，文科 1.6 万人占 10.2%，理科 1 万人占 6.4%，财经 1.8 万人占 11.4，政法 3.8 万人占 24.4%，余为其他。……工科院系比重小，人数不足 1/5"②。这种状况完全无法适应新中国成立初期大规模工业化建设的需要，更谈不上在各行各业中培养专门人才的需要。这其中还有很多陈旧的学科，无法适应工业化发展对高级技术人才培养的需要，从一定层面上反映了旧中国工业和高等教育落后的现实问题。

二、高校学生思想受到严格控制

在国民政府统治时期，公立大学的思想较为禁锢，马克思主义的先进思想被禁止传播，自由的学术氛围没有得到真正体现。国民党南京政府成立时期，蒋介石推

---

① 刘英杰：《中国教育大事典》（1840—1949），浙江教育出版社 2001 年版，第 643–644 页。
② 中华人民共和国教育部编：《共和国教育 50 年 1949—1999》，北京师范大学出版社 1999 年版，第 361 页。

行法西斯专政，在文化教育领域推行"党化教育"，使教育成为一党专制的工具，强行要求各校开设国民党党义课程，严格推行训育管理制度，硬性灌输"党义"。自 1919 年五四运动以来，大批知识分子前赴后继追求自由的学术和思想、独立的教育和人格，而为此所做到种种尝试和努力在此却被轻而易举地忽视和淡化。而大学本身所追求的学术自由，思想自由更是被严格压制，师生的思想被国民党的教义严重左右，思想极为僵化。面对这种状况，翦伯赞教授在《人类的尊严与教育自由》一文中直言不讳地说："在学校里，只有真理的讨论，没有暴力的威胁；只有科学的研究，没有党义的宣传……"[1] 具体而言，传授真理和知识、实现教学与研究的自由才是大学该有的责任。其观点充分地表达了高校教师对教育自由和学术自由的强烈追求，坚决反对国民党党义对师生的控制。由此可见，国民党把高等教育纳入"一党专政"的轨道，必然阻碍教育民主化进程。

虽然国民政府时期颁布了一系列高等教育的法令法规，在一定程度上推进了高等教育的发展，但也使得师生思想受到严格控制。这不利于高等教育学术的发展，也不利于青年接受新的思想。国民政府教育部通过《青年训练大纲》等"发布'注重精神训练'的训令，强制用国民党的《党员十二守则》来训练大专学生，培养学生信仰三民主义、服从领袖（蒋介石）的思想，以加强对大学生的思想统治。"[2] 而实际上，蒋介石已经违背了孙中山三民主义的根本原则，但仍以三民主义为旗号利于对师生的思想统治。同时在公立大学里推行训育制度，学校由政府指派经过审定合格的教育人员，到各校做训育主任或者训导长，管制和约束学生的思想行为。这些制度的建立，表面上是例行的教育行政工作，实则是国民政府政权实行政治统治的一种手段。当时，国民政府还在全国各大专学校成立国民党、三青团组织，用国民党的教义和腐化思想污染大学这片净土，以驯化学生思想，而师生中一些出身于资产阶级的人员深受其影响，与之沆瀣一气。事实上，国民党在名义上通过"三民主义教育"的宗旨体现其教育思想，而实质上依然是党化教育的做法。国民党通过控制高校教材、禁锢学生思想、不许学生参与政治运动等方式，其根本目的就是防止学生拥有独立的人格和独立的思想，进而产生缺乏自主判断、依附他人的人格特征，最终引导大学生服从国民党蒋介石的统治。因此，即使是在硝烟弥漫的抗日战争时期，国民党政府依然加紧对高等学校进行封建法西斯的统治，利用高等学校内迁和调整的过程，强化封建法西斯教育，使高校部分师生思想僵化、故步自封。例如在抗日战争时期的西南联大，"国民党通过这些名目繁多的党化课目，对学生进行封建的、法西斯的奴化教育。……《伦理学》课程的封建复古说教和逃避现实的

① 陈元晖：《中国现代教育史》，人民教育出版社 1979 年版，第 270 页。
② 郝维谦、龙正中主编：《高等教育史》，海南出版社 2000 年版，第 18 页。

处世哲学，不受学生欢迎，听讲者越来越少，到一九四五年秋只好停开。"① 因此，国民党旧高等教育对青年学生的思想进行严格控制，不仅遭到学生的反感，也致使学生难于接受先进文化思想的教育，这些思想问题在新中国成立后依然存在，成为改造旧教育中的一个重要工作。

旧的高等教育是旧政治经济的一种反映，是维护旧政治经济持续统治的一种工具。旧高等教育中特别是文法之类学院的系别里充斥着一些诸如唯心主义等错误思想，甚至于封建的、买办的、法西斯思想。最大的影响莫过于对大学生价值观念的错误引导，一些错误的甚至是反动的世界观和人生观甚至会在毕业后的多年依然影响着大学生，导致他们产生错误的观念和行为模式。有些青年对改变现有社会状况抱有良好愿景却苦于没有方法去实施。甚至"有许多青年则由于接受了错误的、腐朽的、反动的思想，逐渐地消失了原有的纯洁与热情，走上腐化堕落的道路"②。这种严重的后果直接阻碍了人才的培养，也引起了广大青年学生的强烈不满，他们努力诉求于新的革命的理论指导。

三、教学内容严重脱离实际

虽然国民党统治时期，高校的数量和规模有所增加，但实际办学的质量却令人担忧，高等教育危机四伏。在欧美高等教育模式的影响下，公立高校存在自由散漫的教风和学风，脱离群众的教育模式与中国共产党的教育理念严重不符。

在教育的指导思想方面，国民党执政后即确立了"三民主义"的指导思想，意为教育教学都要以三民主义教育为目的，总体而言就是以三民主义的文化为中心。国民党政府为加强其政治统治，必然十分注重高等教育的发展。在南京国民政府统治稳定之后，蒋介石集团背弃了孙中山的"联俄、联共、扶助农工"的新三民主义政策，其反动的本质逐渐暴露出来，三民主义教育完全成为一种统治工具，其科学、民主的内涵未被真正实行，更多的是徒有虚名。三民主义教育逐步蜕变成为国民党一党专制、防共反共的教育。教育的本质应该是为人民群众的开化与社会进步作贡献，而非为一党专政服务的。然而，在这一时期，国民政府更多的是将高等教育作为其统治工具来实现其政治目标的，并通过一系列条款表达高等教育为国民党服务的意志。在 1931 年通过的《三民主义教育实施原则》中显而易见地指出："关于党义课程者……应依据三民主义，比较批判其他社会主义学说"③。当时的教育部长朱家骅更是意欲美化这一教育宗旨的政治目的，认为要将党义彻底融入高等教育的核心教育中。三民主义不仅是国民党重要的教育政策，也是实现国民革命的重要方法，

---

① 萧超然：《北京大学校史》（1898—1949），上海教育出版社 1981 年版，第 251 页。
② 《认真实施文法学院的新课程》，《人民日报》1949 年 10 月 14 日，第 1 版。
③ 宋恩荣，章咸：《中华民国教育法规选编》（1912—1949），江苏教育出版社 1990 年，第 52-53 页。

其根本目的就是实现党义对人民群众的教化和思想控制。由此可见，国民政府发展的所谓以"三民主义"为核心的高等教育是为代表大地主、大资产阶级的政党独裁统治服务。为镇压学生们的反抗和不满情绪，蒋介石通过1930年颁布的《整顿学风令》将罢课和集会定为非法的行为，要求学生不能干预行政工作，毫无保留地奉行三民主义。

在课程设置方面，国民党执政时期的大学课程设置十分混乱。课程的设置名目繁多，较为繁杂且课程关联性不够紧密。在高校的课程设置中，除了医学院以外都由各校自己订制。"而在同一城市之各大学，亦有同一科目分为数种课程者。同一地之各大学，若各自聘请教职员，编制课程不与其他大学联络，添设新课程时，亦不问临近大学是否设有同样课程。"① 大学的科系较多且标准混乱进而导致课目名称过多，程度参差不齐。随后，国民政府也曾试图改变这种情况，但收效甚微。而课程的设置也未同中国的实际情况联系起来，只是单纯地搬用西方国家的套路。学生们使用的课本多半以西方国家课本为主，特别是自然科学方面，由于近代以来我国高等教育的落后，教学内容更是以西方国家为主。一部分高校教师在接受西洋文化后，不愿将其所学与中国实际结合起来，基本都是对外国大学所讲所学的内容进行简单重复，完全脱离实际和学生所需。这种教育方式更导致学生自身优越感激增，再加上传统教育中给予学者的优越地位和认知，使他们思想中的优越感极强，严重脱离群众。"甚至有一部分学生，因其具有（或者并非真有）西方知识，遂觉声望徒增者。青年一入大学，即成特殊阶级一员，对于本国大众生活，茫然不知，对于大众生活之改进，毫无贡献可言。"② 在当时高等学校内部这样的问题日益凸显，首都高校的教授也表示了对此的担忧："现在大学教育，学校与社会脱节，如此种现象不设法解决，空谈大学使命乃属徒然。……目前学生在学术上之素质不良，受整个社会影响甚大，教授不作学术之上努力，形成派系斗争……由此观之，今日大学教育实有转向之必要。"③ 再加上国民政府统治时期的高等教育制度腐朽不化，理论脱离实际，资产阶级的学术作风使得学生眼高手低，培养出来的学生逐渐脱离群众和实际，难以承担民族复兴之大任。

总而言之，国民政府时期的公立大学，在领导权上，归属于代表着大地主大资产阶级的政府；其办学的方向是为大地主大资产阶级统治的旧中国服务的。虽然在"三民主义"为教育宗旨的外壳下，但难掩其为剥削阶级服务的腐朽落后本质。除

---

① ［德］C. H. Becker ［法］P. Langevin ［波兰］M. Falski ［英］R. H. Tawney：《中国教育之改进（全1册）》，国立编译馆译1932年版，第164页。

② ［德］C. H. Becker ［法］P. Langevin ［波兰］M. Falski ［英］R. H. Tawney：《中国教育之改进（全1册）》，国立编译馆译1932年版，第175页。

③ 《首都大学教授座谈中国大学教育使命》，《中央日报》，中华民国三十七年六月二十日，第四版。

此之外，连年战乱频仍的局面导致军费开支巨大。战争所需的军费耗尽了国民政府统治区的人力、物力和财力，导致各项教育经费逐年锐减。而公立大学的经费主要来源于政府拨付，战争的破坏及政府制度的腐败直接造成了公立大学经费开支严重不足，严重影响了学校的发展以及教职员工的生活。"若自二十九学年度起，再将公立学校职员的生活补助费及薪金加成并入计算则数字更觉庞大。惟所增加之经费，仍不能追上物价；且在战时非但维持原有事业，又复创行新兴设施。胜利复原，物价益涨，一方面尤百废待兴，是以表面数字虽增加极大，而实际拮据更甚于前。"① 面对这种困境，当时各地各高等学校屡次索薪请愿，校长辞职、教授罢课都难以解决。1948 年 11 月 1 日，《北大清华联合报》第 4 期刊登了《北大教授停教宣言》："政府对于我们的生活如此忽视，我们不能不决定即日（十月二十五日）起忍痛停教三天，进行借贷来维持家人目前的生活。"② 这则宣言真实地表达了教授们的无奈心境，面对饥寒交迫的生活，国民政府却熟视无睹。各地公立大学的情况大体相仿，在交通大学"教育部拨给交大每月 1000 万元，而学校实际开支需 5000 万元以上，致使交大每月亏空甚巨，有时甚至连买粉笔的钱也没有"③。交通大学和上海其他大专院校联合行动呼吁国民政府解决经费，却没有良好的效果。国立中山大学亦是如此："因金圆券贬值，各学院办公费用各 40 元，不足订阅一份报纸；工学院各系办公费每月各 2 元，仅可买 2 根油条；教授研究费每人每月 25 元，仅可买几斤番薯。"④ 教授们的薪金难以维持全家基本开销。当时就职于岭南大学的陈寅恪教授愤慨提笔："党家专政二十载，大厦一旦梁栋摧。乱源虽多主因一，民怨所致非兵灾。"⑤ 由于金圆券的继续贬值，致使中山大学教授生活日益艰难，更无法全力关注教学与学术研究中。彼时，国民党政府为了集中力量发动反共内战，教育经费支出逐年降低。教育经费不能按时发放也迫使学校经常停课，直接影响到正常的教学秩序。大多数公立大学的办学条件也因此越来越差，加之校舍和教学设施遭战争的破坏，教学条件极其简陋。在新中国成立前，全国高校基本设施都属于相对匮乏的状态，连图书馆藏资源都无法完全满足学生需求。公立大学的发展需要良好的师资力量和先进的教学设备，可在当时，民国时期的经费严重不足，国民政府无法为高等教育提供足额经费支持，而且教育部门制定的发展计划也难以兑现。像高等学校建设必需的校舍、教学仪器和设备严重不足，而过低的教师待遇，清贫的生活迫使教

---

① 教育部教育年鉴编纂委员会：《第二次中国教育年鉴 2》，商务印书馆 1948 年版，第 507 页。
② 王学珍、郭建荣主编：《北京大学史料》第 4 卷（1946—1948），北京大学出版社 2002 年版，第 166 页。
③ 《交通大学校史》编写组：《交通大学校史（1896—1949 年）》，上海教育出版社 1986 年版，第 443 页。
④ 吴定宇：《中山大学校史 1924—2004》，中山大学出版社 2006 年版，第 240 页。
⑤ 陈寅恪：《陈寅恪集 诗集 附唐篔诗存》，生活·读书·新知三联书店出版社 2015 年版，第 67—68 页。

师人员大量流失。这些问题的存在严重地影响了我国高等教育事业的发展，致使我国高等教育的发展严重滞后。尤其是经费的不足，直接导致了我国高等教育学科建设上的失衡，特别是工科院校的发展严重滞后。

1947 年夏，国民党发布了《戡乱总动员令》，最主要的原因是中国人民解放军迎来了战略进攻阶段。国民党意识到其在大陆的统治即将瓦解，需要通过这些法令来做最后的挣扎，镇压民主进步的运动。事实上，彼时的南京国民政府高等教育面临诸多危机，虽然南京政府在 1948 年相继颁布了《大学法》和《专科学校法》，这些法律也成为管理高等院校的最高法则。但由于国民政府不得人心的政策和腐败的统治，法令无法畅通实施。1949 年，随着国民党大势已去，其统治机构也土崩瓦解，教育行政当局计划组织高校师生迁移，通过设立教授接待委员会来接纳教授的撤离。但是国民党的黑暗统治已经失去人心，服从的人数极少。时局的改变导致了一部分教师产生观望态度，但绝大多数高校教师选择开展护校的行动，抵制高校随国民党的迁移，愿意留在原址迎接新中国的到来。北京师范大学于 1948 年底就开始了反对学校南迁、不许破坏学校财产的护校运动。学校党组织根据上级要求，对学校"历史沿革、组织机构、人员政治业务情况、重要资产设备"[①] 等进行全面调查，并上报党组织。为迎接人民政府的接管，广大进步师生开展了有效的护校运动。1949 年 1 月，国民党行政院意图在前往广州时，将中山大学作为新的办公地址，引起了全校师生的强烈愤慨和反对。"2 月 7 日，校园各个角落均出现'反对迁校！''只有日寇才占用过中大校舍'之类的标语，表示誓死抗拒南京流亡政府进入石牌的决心。全校 89% 的教授及 83% 的学生反对迁校，挫败了国民党当局的如意算盘。"[②] 中国共产党的地下组织相继提出将工作重点转移到迎接解放、准备接管上，并要求深入群众，组织迎接解放的斗争，团结互助开展护校工作，保存珍贵档案和物资，维护学校稳定，随后以清华、北大为代表的国立大学相继成立了校务委员会开始除旧布新的改革。绝大多数高校的师生都以实际行动来护校，迎接新中国黎明的曙光；而国民党政府的高等教育，也在现实的困顿中走向终结。1949 年 10 月 1 日，新中国成立，宣告着国民政府控制的高等教育在中国大陆的结束，昭示着新中国高等教育全新启幕。

不可否认的是，从近代高等教育发展的历史进程来看，国民党统治时期的高等教育在中国近代资产阶级高等教育发展中是最好的阶段，而中国近代大学的体制由此走向了现代大学之路。高等教育领域始终存在着中国共产党领导的爱国进步人士，

---

① 北京师范大学校史编写组：《北京师范大学校史》（1902 年—1982 年），北京师范大学出版社 1982 年版，第 128 页。

② 广州青年运动史研究委员会：《广州学生运动史（1919—1949）》，华南理工大学出版社 2002 年版，第 281 页。

他们传承了中华民族传统的尊师重教优良传统，在爱国进步思想指引下，克服重重苦难，因陋就简，坚持和发展高等教育事业，促进中国近代高等教育的发展和进步，使得我国高等教育体制逐步完善起来。同时，公立大学中的部分著名高校，长期以来传承的优良学风和良好办学特色及雄厚的师资力量，为我国培养了大批优秀的高级专门人才，这些著名的公立大学在新中国成立之后积极投身到社会主义高等教育建设中，发挥了重要的作用。

第二章　公立大学接收和改造的历史过程

　　1949 年 10 月 1 日，新中国的成立昭示着中国历史从此进入一个崭新的时代。由此，半殖民地半封建社会的旧中国开启了人民当家作主的全新历史阶段，成为真正意义上独立自主的国家。从 1949 年新中国成立到 1952 年是国民经济恢复时期，中国共产党主要依据老解放区的革命建设经验，并根据中共七届二中全会确定的基本方针，通过没收官僚资本、建立社会主义国营经济、整顿经济秩序、稳定物价、剿匪反霸等一系列重要措施，还通过抗美援朝、土地改革和镇压反革命运动等，巩固了人民政权，恢复了遭战争破坏的国民经济。自 1953 年起，我国开始执行国民经济第一个五年计划，在学习苏联模式的基础上国家开始了大规模的工业化建设；到 1956 年底，我国基本完成了对农业、手工业、资本主义工商业的社会主义改造。在这样的大背景下，公立大学的接收和改造工作也是顺应当时的历史发展，是以培养适应新中国各项建设需要的人才而逐步展开的。新中国成立后，根据经济社会建设发展的要求，高等教育的发展面临两大主要任务，一是对旧有高等教育的全面改造，二是建立社会主义教育制度。面对这两大艰巨的历史任务，中国共产党在百废待兴的历史状况面前，探索新中国高等学校，特别是公立大学的改革和发展道路，通过坚决改造、逐步实现的方针，有计划、有步骤、分阶段地对国民政府时期的公立大学进行了接收和改造。党中央和中央人民政府顺利将公立大学的领导权从代表大地主大资产阶级的国民党手中收归人民所有，并通过院系调整、教学改革、行政体制改革等一系列措施，将新中国成立初期的公立大学改造成为人民的新型高等学校。

第一节　1949—1951 年：公立大学的接收和初步改造阶段

　　根据上述方针的指导，中国共产党开始了对旧有公立大学的接收和改造工作。据统计，1949 年新中国成立前夕的"高等学校 205 所，在校学生 11.7 万人……公立高等学校占总数的61%"①。国民党政权在大陆崩塌后，这些主要本该由政府拨付经费且属于高等教育体系中数量最多的公立大学处于无部门管理，没有经济来源的状态。为保证公立大学教学秩序尽快恢复，接收工作首先从公立大学开始。接收和改造的工作始于解放战争期间，中国共产党通过一系列有效的措施对旧的公立大学顺利完成了接收。根据《共同纲领》的要求："人民政府应有计划有步骤地改革旧的研究制度、教育内容和教学法。"② 因此，党中央和中央人民政府在接收的同时也开展了对旧有公立大学的改造工作，"改造的方向是一切服务于国家的建设，特别是经济建设"③。据此，部分地区的高等学校逐步就课程内容、行政领导体制、院系调整等内容进行了改进。自1949年开始的公立大学接收和改造工作，从个别地区逐步推广到全国。各地公立大学积极响应党的号召，绝大部分高校师生都拥护新政权的领导，在保证正常教学秩序的情况下顺利完成接收工作，并积极配合深入推进高等学校的教育教学改革。到1956年，中国共产党对公立大学的改造工作基本完成，初步建立起了新中国高等教育的基本框架。

一、接收前期准备阶段

如前所述，国民党政府在大陆垮台后，原有公立大学的上级管理部门也相继垮台，公立大学面临着无主管部门和无经费来源等多重问题，学校的教学工作也无法有效地开展。为此，党对高等学校接收和改造工作从公立大学开始。随着新解放区的不断开辟，各地公立大学随之由军事管制委员会或人民政府接管。对存在于城市中的高等学校，人民解放军军事管制委员会采取了"维持原有学校，逐步加以必要的与可能的改良"④ 的总方针。为实现顺利接收任务，中国共产党在前期做了大量的准备工作，最重要的目的就是安定人心。这是因为，国民党反动派和帝国主义长久以来的反共宣传，以及人们根深蒂固的旧有观念长期存在。要使广大人民群众特别是高校师生对接管工作有全面的认识和了解，就需要人们对中国共产党的接管政策有全面了解，才能保证其对党的信任和支持。

首先，各级党组织及军管会做了大量宣传和介绍工作，广泛地宣传了中国共产党对城市的政策和长期建设城市的坚定方针，特别强调新中国成立后城市的一切，包括高等学校都归属于人民，号召人民自觉组织起来抵制国民党残余势力的一切破

---

① 苏渭昌、雷克啸、章炳良：《中国教育通史·中华人民共和国卷（下）》，北京师范大学出版社2013年版，第159页。

② 《中国人民政治协商会议共同纲领（摘录）》，上海市高等教育局研究室等：《中华人民共和国建国以来高等教育重要文献选编》（上册），出版社不详1979年版，第1–2页。

③ 《教育部召开华北京京津十九院校负责人会议　讨论高等教育改造方针》，《人民日报》1949年11月22日，第4版。

④ 郝维谦、龙正中：《高等教育史》，海南出版社2000年版，第31页。

坏行为。这些宣传使广大师生消除了对中国共产党的疑虑，更好地配合接管工作的展开。随后，接管人员对旧有的公立大学进行了全面了解，为高等学校的复课在物质和精神上做好充分准备，保证学校正常秩序的恢复。事实上，新中国成立前地下党组织已经做了很多准备工作，特别是在反对迁校的护校斗争和新中国成立后维护学校内部稳定方面起到了重要作用。但在当时，一部分公立大学中进步力量相对弱小，而那些隐藏在高校内的国民党残余势力也企图对接管工作造成阻挠。因此，党和政府在接管前需要对被接收学校的政治、思想、组织等情况做调查，分阶段循序渐进地做了大量准备工作，通过收集各学校的有关资料，详细加以研究并确定需要接收的对象，并对要接收的学校作详细调查，最后根据调查研究结果拟定接管计划，对接管高校有一个整体情况的了解和认识。

其次，普遍进行了相关政策和要求的学习，达到思想上的统一。以最早开始接收工作的北平地区为例，学习内容主要包括"《东北局关于保护新收复城市的指示》《正确执行对于新区和新解放城市的政策》（节选自《人民解放战争两年总结与第三年任务》）、《华北局关于接管太原的决定》（后收回）三个文件"[1] 等政策性文件及其他关于接收对象的内容，这些文件的学习使接管工作人员能根据党中央和中央人民政府的政策要求完成接管任务。最后，为防止接管高校过程中出现无组织无纪律的现象存在，党和政府又对接管人员进行了组织纪律内容的学习，保证入城后接管工作的组织性和纪律性。

根据前期的准备，军事管制委员会对接管工作做出相应决定："（一）取消反动的政治课程；（二）取缔国民党的训导制度。……教师、职员和工人，除极少数继续与人民为敌的反动分子以外，一律继续工作。学校事业费包括工资在内，照旧划拨。"[2] 各地在军事管制委员会的领导下，其下设的文化接管委员会中设立专门对接高校领导职责的教育部门，该类部门配有专职的军代表或者联络员，专门领导公立大学的各项接管工作。军代表或者联络员进入接管的公立大学后，负责向学校宣传中国共产党的方针政策，消除师生心中的不稳定情绪，通过尽快复课的方式维持学校稳定和教学秩序的正常、保证师生团结和维护学校资产，并对其工作进行全面负责。

以最早开始接收工作的北京市为例，新中国成立前得到国民党政府教育行政部门认可的公立大学主要包括北京大学、清华大学、北平师范大学等6所公立学校和北平研究院，包括其全部教授、学生大约两万人。国民党政府在即将垮台之际，意欲将这些学校迁往南方，但随着形势的发展这个计划是不能实现的。1948 年 12 月

① 《北平市军管会文管会接管工作总结报告》，中共北京市委党史研究室，北京市档案馆：《北平的和平接管》，北京出版社1993年版，第423页。
② 刘一凡：《中国当代高等教育史略》，华中理工大学出版社1991年版，第3页。

18 日，北平市军事管制委员会和北平市人民政府在涿县成立，下设文化接管委员会①，它的一个中心任务就是开展北平高校的接管工作。在这个过程中，高校的地下党发挥了重要的作用，地下党团结广大的工人、职员、学生群众及一切进步力量，发动他们参加工作，提出意见，做好接管的宣传和具体工作。为加强高校及民众对形势的正确认识，地下党组织在学校和教师中对中国共产党城市工作的方针、政策进行了及时的宣传，向民众散发了《城市工作八条》等文件，积极做好宣传组织工作，强调重点保护学校财产不受损坏，维持学校现有的秩序，以及挽留著名教授等等，全力做好迎接解放，为人民服务的工作，并将需要接收高校的情况材料通过组织汇报给军事管制委员会，确定接收和改造的对象和相关工作。为进一步做好接管工作，军管会在北平市郊的良乡地区为准备参加接管工作的干部开设了短期的培训班。彭真书记在培训中特别强调："进城以后，我们总的任务是推翻旧的政权和建立新的政权，彻底摧毁、肃清反动势力的残余。"② 军管会提出对旧有的政府权力机关要彻底将其推翻，但对那些企业来说要区别对待，特别提出对旧有的高等学校要用接管和改良的方式，并组织干部们深入学习接管工作的相关文件和政策，了解接管对象的相关情况，拟定详细周密的接管计划。北京市军管会文管会在接管前着实做了大量的调查和研究，对北平高等学校的整体情况和各接管对象的具体情况有了大致的了解，通过对接管计划的数次修正以保证接收的顺利进行。

北平市文化接管委员会教育部由钱俊瑞任部长，张宗麟、郝人初任副部长。他们通过对中共中央 1948 年关于新区学校工作指示文件等的学习，按不同院校和机构划分接收小组，并根据各高校和研究机构的情况制定具体的接管方针和措施。即"一般地维持其存在，迅速复课，逐渐进行必要改造"③。维持原有学校，逐步进行可能和必要的改善，这是公立大学接收工作的基本方针。这就意味着在接收的过程中，要尽量保护原有的校舍和其他设备的完整性，同时也尽量保证原来的教师恢复正常的教学秩序。"然后有计划有步骤地加以改善，决不要采取急进的冒险的政策。"④ 1948 年底，《中共中央华北局对平津地下党在接管城市中应做工作的指示》中特别强调，希望城市中的知识分子和广大劳动人民一起精诚团结，"采取一切可能的和有效的步骤和方法，保护城市的一切建设，使之完好地归于人民政府接

---

① 文化接管委员会：主要负责接管一切属于国家的公共文化教育机关包括高等学校，以及一切文物古迹，而属于北平市的高等学校归属教育局接管。1949 年 6 月 1 日，华北高教会成立，代替了北平文管会的职责，包括大学、独立学院、专科学校、学术研究机关、文物机关等 20 个所属单位。

② 《建党以来重要文献选编（1921—1949）》第 26 册，中央文献出版社 2011 年版，第 16 页。

③ 廖叔俊、庞文弟主编：《北京高等教育的沿革和重大历史事件》，中国广播电视出版社 2006 年版，第 324 页。

④ 《建国以来重要文献选编》第 1 册，中国文献出版社 2011 年，第 77 页。

管"①。因为在当时的历史条件下，国家的各项建设在稳步恢复和发展过程中。中国共产党决心团结一切爱国民主人士和广大知识分子，为恢复生产发展服务，共同建设一个繁荣富强的新中国。因此有效地维护学校稳定，迅速恢复教学，并减少不必要的损失才能保证接收旧教育、建设新教育工作的顺利展开。在此方针的指导下，中国共产党有步骤、有计划地开展旧有公立学校的改造工作。

二、接收旧有公立大学阶段

在制定具体的接收方针后，军管会对国民政府遗留下来的国立和省立、市立大学的接收工作随即有序展开。首先在一些主要的城市军管会对国立大学开展试点接收工作，随即在全国范围内逐步完成全面的接收任务。军管会接收的主要工作就是在高校宣布相应的接管方针和政策，派驻联络人员或者军官代表，清点学校资产，完成接收工作任务，随后再展开具体的管理工作和教育教学的相关改革工作。

如前所述，北平市接管工作顺利开展，高校师生能尽快投入正常的教学中，根本原因在于党中央和华北局在接管前制定了正确的指导方针，并为接管工作做了详细和全面的接管计划，才保证接管的顺利进行。同时，军管会也通过接管工作获得了一定认识上的提升，之后诸多地区的接管工作都是参照当时北平市的方式。当时，北平市军管会文管会具体的接管方式是首先宣传动员，通过召开代表会，向主要参与人员宣讲军管会的接管的主要政策，通过讨论获得进一步改进办法，接着开全体大会，宣布正式接管。会上"讲解方针、政策，接管以后，其人员生活、业务即统由本会处理，并酌留军管代表或联络员驻于该处，到正式移交管理机构接收为止"②。在完成接管后，还对接管对象人员生活的维持及经费的发放做了明确规定，保证留用人员的稳定生活。"各单位旧人员薪金标准的制定是以他在原机关学校去年十一月份薪金的实际购买力折合成小米（自三月下半月起，改按去年九、十、十一三月的平均数计算），再以部分发实物、部分折合人民券发款。后来粮款的分配，决定为每人九十斤小米，其余发款。"③ 军管会在前期已经做了大量的准备工作，接管工作也得到了广大师生的积极支持，才能保证接管工作的顺利进行。北平市最早开始接收工作的是各方面条件较好的国立清华大学和北京大学，它们是中国共产党接收与改造公立大学具体过程的一个缩影。清华大学的前身是清华学堂，始建于1911年，是国民政府统治时期重要的国立大学，也是中国共产党最早接管的旧有公

---

① 《中共中央华北局对平津地下党在接管城市中应做工作的指示》，中共北京市委党史研究室，北京市档案馆：《北平的和平接管》，北京出版社1993年版，第5页。

② 《北平市军管会文管会接管工作总结报告》，中共北京市委党史研究室，北京市档案馆：《北平的和平接管》，北京出版社1993年版，第425页。

③ 《北平市军管会文管会接管工作总结报告》，中共北京市委党史研究室，北京市档案馆：《北平的和平接管》，北京出版社1993年版，第429页。

立大学。中国人民解放军在接管清华大学时，十分注意对清华大学师生的保护，特别注明："凡我军政民机关一切人员，均应本我党我军既定爱护与重视文化教育之方针，严加保护。"① 布告明确了中国共产党在保证正常教学秩序的前提下对清华大学的接管。1949 年 1 月 10 日，清华大学被正式接管，受到该校师生一致欢迎。

在接管清华大学的同时，钱俊瑞主任针对军管会接管清华大学的方针，重点强调要使清华大学摒弃旧教育中不与人民相联系的教学内容，积极遵循新民主主义的文化教育方针，逐步改造旧有公立大学中的反动课程，以及反革命组织和活动，除此以外的一切教学活动则照常展开。特别是公立大学的学校经费"由军管会负责供给，教职员一般地采取原职原薪办法，以后当实行量才录用与考绩升降"②。清华大学由此从国民党手中解放出来，成为新中国人民的大学。下午三点，清华大学举行教授例会，"出席教授潘光旦、吴景超、钱伟长、曾炳钧、陈桢、高崇熙、段学复、梁思成、顾培慕、李广田、费孝通等近百人"③。在这次会议上，钱俊瑞同志向广大教授着重讲解了中国共产党和中央人民政府对科技研究的重视，以及尊重人民的思想和信仰自由等问题，同时还介绍了中国共产党在革命根据地时期高等教育发展成绩和政策。这些方针政策受到了在座教授的一致认可和支持，为接管后可以顺利进行改造奠定了良好的基础。

北京大学作为近代最早创办的公立大学，在这次接收过程中也积极配合人民政府和军管会的工作，保证接收的顺利进行。1949 年 1 月 31 日，北平宣告和平解放，人民政府和军事管制委员会立刻投入到整治、管理城市的紧张工作中去。文管会教育部依照既定的办法，各联络小组分赴各高等学校，与地下党组织取得联系，开展调查、联络、安排接管等事宜……文管会积极开展接管准备工作，把重点放在公立学校特别是北京大学和北平师范大学上，成立专门联络组，深入学校，了解情况，宣传鼓动，帮助成立进步的学生组织和教工组织，开展师生员工的思想工作。

1949 年 2 月 11 日，北京大学、清华大学召开进步教授的座谈会听取接管意见，之后还随访了个别教授。2 月 28 日，钱俊瑞等人来到北京大学，上午召开原学校行政负责人及教授、讲师、讲员、学生、工勤代表座谈会，宣布了接管的方针，并商谈接管及建设新民主主义的北京大学等诸多问题。下午，全校大会召开，举行接管仪式。会上，钱俊瑞宣布了北大的接管方针，并指定由校行政会议常务委员会汤用彤为北大校政的临时负责人。"会后游行一周，参加游行的师生职工三千余人。联

---

① 清华大学校史研究室：《清华大学一百年》，清华大学出版社 2011 年版，第 171 页。

② 《解放军北平区军管会正式接管清华大学 钱俊瑞赴该校宣布接管方针》，《人民日报》1949 年 1 月 26 日，第 1 版。

③ 清华大学校史研究室：《清华大学史料选编·第五卷（解放接管与院系调整时期）》，清华大学出版社 2005 年版，第 47 页。

络员亦于 3 月 1 日驻校办公。"① 在接管的过程中，学校的师生员工兴起了一个学习高潮。首先是从清华、燕京开始。师生们学习马恩列斯和毛泽东的著作、共产党的政策主张等文件，联系思想、明确态度，树立新的人生观，还走出校门，向社会宣传。学习运动的第二阶段，转到了讨论如何改造旧教学内容，办好新型大学，发展高等教育方面。从 2 月份起，北京大学等校就开始改革学制的研讨活动（当时北大尚未被正式接管）。各高校同学科的教师纷纷召开联席会，研讨本学科的教育改革问题。通过这些活动，师生员工提高了思想认识。教师们表示愿意为新民主主义教育事业做出努力，学生们提出"确立新的学习态度""改造自己"的口号。与此同时，北大、清华、北师大、燕京大学等校进行新民主主义青年团的建团工作，有力地配合了学校的改造工作。到 1949 年 3 月，北平高校中对应接管的对象大体完成了接收任务，并根据军管会要求初步开始对这些学校进行改造。在当时，北平国立大学涵盖"清华、北大、师大、艺专、蒙藏学校（大学部分）及铁路管理学院、国立助产等七校。原共有学生七千二百七十二人，现已全部接管，除报名投考三大学、南下工作团者外，现尚有学生五千九百六十二人（内有相当数量已报名三大学尚未录取者），此外有蒙藏学校大部分学生三四十人"②。

在接管的过程中，高校师生积极配合接管工作，有利地推动了接管工作的顺利进行。为迎接人民解放军顺利进入北平，清华大学、北京师范大学、燕京大学于 1949 年初就已开始着手进行准备工作。1949 年初，北京师范大学地下党员已经发展到了 70 多人，他们团结群众和动员学生，向党组织输送干部，积极配合了接管工作。"在解放军入城之前，学校大门外就已经贴上'迎接解放'的大型标语。进步同学还在市区挨门挨户宣传城市政策，安定人心。教授会也在二月一日发表对时局的宣言，表示拥护革命，拥护中国共产党。"③ 在经历了腐朽清王朝的统治，以及北洋军阀和国民党反动派的统治，高校师生热切期盼中国共产党的到来，期待属于人民的历史时代。1949 年 2 月 1 日，在参加欢迎的队伍中，清华大学就有 1600 人，宣传工作做的比较充足，宣传作品也十分充分。北京高校的学生发自内心的期盼解放军的到来。在这次迎接队伍中，"一位叫张家怡的同学说：'现在解放了，特务们再也不敢公开欺侮我们，我们自由了。'他们的队伍前面高举写着'春天来了'的红字大旗，每个人背上都写着'大翻身''解放人'的粉笔字"④。这充分表达了学生

---

① 苏渭昌：《高等学习的接管——公立高等学校的接管》，《高等教育研究》1987 年第 1 期。
② 《中共北平市委关于大学的处理方案向中央并华北局、总前委的请示》，中共北京市委党史研究室，北京市档案馆：《北平的和平接管》，北京出版社 1993 年版，第 401 页。
③ 北京师范大学校史编写组：《北京师范大学校史》（1902 年—1982 年），北京师范大学出版社 1982 年版，第 131 页。
④ 清华大学校史研究室：《清华大学史料选编·第五卷（解放接管与院系调整时期）》，清华大学出版社 2005 年版，第 44 页。

们对即将到来的人民解放军，以及新中国新生活的欢迎和憧憬。人民群众的支持与配合，保证了军事管制委员会对高等学校接管工作的顺利开展。

1949 年 5 月初，北京大学、清华大学、北平师范大学新的校务委员会成立，汤用彤、叶企孙、黎锦熙分任主任委员。北大在接受文管会的接管以后，就着手开始废止一些僵化的旧制度和旧规范，例如取消了国民政府时期设立的训导处。训导处是国民政府时期高等学校为管理学生思想工作而设立的机构，各高等学校均设立有训导处，内有训导长和若干名训导员。在当时训导处严重束缚着师生的思想，成为学生思想进步的桎梏。因此，文管会根据相关文件规定，对训导员划分为留用、遣散或者洗刷三种类型进行处理。除个别情况较为严重的，基本上都采取了宽大处理的方式，还为一部分人员发放了遣散费作为安置。正是中央政府采取了一系列正确的处理方式，才保证了接收工作的顺利完成。1949 年 6 月 1 日，华北人民政府高教委员会成立，主管北平公立大学和其他性质的高等学校，委员会主任由董必武担任，而北平市军管会的接管任务圆满完成。

北平市的接收经验由此被推广开来，在这一过程中其他地区也在积极贯彻党的接管方针，各主要城市也同步开始了试点接收的工作。在党的领导下，大部分地区都是从条件较好的国立大学开始，以复校和复课为目标，逐步完成接管工作。例如，南京军事管理委员会的文教接管委员会于 1949 年 5 月 14 日正式接管了南京中央大学。在接管当天，军事代表向广大师生介绍了接管工作的意义，以及中国共产党对知识分子的政策，并加强宣传和动员工作。中国共产党积极有效的接管政策受到师生积极响应，接管工作得以顺利进行。同年 8 月，南京国立中央大学改名为国立南京大学，当年的招生工作随即展开，逐步走上为人民服务的公立大学之路。上海的高等院校接管工作从 1949 年 6 月中旬开始，交通大学、复旦大学、同济大学和暨南大学这四所上海的国立大学，由于"交大在当时曾被称为上海的'民主堡垒'……当我们开始进行接管时，由于没有经验，决定采取突破一点，取得经验之后再全面铺开的办法。我们首先接管了各方面条件都比较好的交通大学"①。接管开始之前，交大代表分别出席了上海市军管会高教处召开的座谈会，对党的接管方针有了进一步的了解。并通过多种工作和接触，促使广大知识分子深入了解中国共产党，加深了他们对党的知识分子政策和接管方针的进一步理解，在消除疑惑的基础上保证了接管工作的顺利进行。1949 年 6 月 15 日，上海军管会文教委员会正式接管了国立交通大学，受到全校师生的热烈欢迎。上海市军管会文管会高教处副处长、军代表唐守愚在接管时谈道："阐明人民政府接管高校的方针是'改造旧教育，建设新教

① 唐守愚：《回忆上海高等学校接管前后的统战工作》，石鸿熙：《接管上海亲历记》，上海市政协文史资料编辑部 1997 年版，第 362-363 页。

育'，宣布取消国民党的'党义''公民'等政治课程和训导制度，解散校内一切反动团体。"① 同时还就学校的人事、工薪问题都作了具体说明，保证教学秩序的稳定。6月16日，清点委员会成立，本着对人民负责的态度，清点校产工作随即展开。清点委员会对校内库存财产、建筑基地、图书馆藏书、实验室仪器设备等做了全面清点。通过这次清点工作，大家都"切身感受到人民当家作了主，自己参与了学校的管理，从而树立了主人翁的责任感，提高了思想认识与政治热情。这为建设新交大打下了良好的思想基础"②。1949年10月21日，中国人民解放军厦门市军事管理委员文教部接管了厦门市政府教育局，并派遣军事代表接管国立厦门大学，陆续展开各项接管工作。在广州地区，文教接管委员会于1949年11月2日下午对中山大学学生进行宣传动员，当时的文教委员会主任李凡夫介绍了接管的方针："不仅是恢复学校上课，而且要有计划有步骤地进行课业和制度的改革，使之成为真正的人民大学。"③ 中山大学与会的教授和学生也一致表达了对人民政府接管工作的拥护和支持。

1949年10月，华北人民政府在京召开了华北高教会议，颁布了《大学专科学校文法学院各系课程暂行规程》，增加了马克思列宁主义的课程内容，取消一些反动的课程，进一步对其他课程进行修订。在人民政府对高等教育接管"暂维现状，逐步改进"方针指导下，通过几个月的整顿，取得了一些成绩。会上，董必武主任就五个多月来的华北高教工作作总结报告，从中也可以看到取得的成绩。在这期间，各个大学成立了校务委员会对大学进行初步的改造和调整工作，具体包括："取消了清华人类学系，并入社会系，合并北大教育系及南开哲学系于师大，合并清华法律系于北大，取消南开政治系，改南开政法学院为财经学院，"④ 并在员工的思想改造、公共必修课程制定方面取得了重要进展。在行政体制方面，各个大学处理了一批腐化人员和超过工作需要的机关职工，保证各学校行政工作的高效运转。至此，对旧高等学校的接收工作初步告一段落。

三、深入推进接收阶段

由于国民党反动派和帝国主义长期的反共宣传，加上旧社会根深蒂固的思想的影响，要顺利实现接管工作还需要党和中央人民政府全面而艰苦努力的工作。党中央及中央人民政府十分重视高级知识分子集中的大专院校的接收工作，在对国立大

---

① 王宗光主编：《上海交通大学史》第5卷（1949—1959），上海交通大学出版社2016年版，第7页。
② 刘露茜、陈贻芳：《交通大学校史（1949—1959）》，高等教育出版社1996年版，第9页。
③ 《广州交通大部恢复 军管会接管中山大学》，《人民日报》1949年11月7日，第4版。
④ 《完成各大学初步改造 华北高教会结束 董必武作总结报告》，《人民日报》1949年10月21日，第4版。

学进行全面接管的同时，也稳步有序地推进省立、市立高等学校的接管工作。省市立大学虽然与国立大学在规模、层次上有一定的差别，但同属公立大学的范畴，都是这次接管工作的重点。以解放之初的上海为例，上海市除了交通大学、复旦大学、同济大学和暨南大学之外，还有"上海医学院、上海商学院、上海音专、美专等十多所"① 市立高等学校。在对国立大学进行接收的同时，党和政府也十分注重稳定省市立高校师生的情绪，根据接收国立大学的相关经验，推动市立高等学校的接收工作。在对上海市立大学进行接收时，首先"宣布所有高等学校都要复校复课，科研机关要照常上班……消除了或大大减轻了群众中存在的惶惶不安的情绪"②。其次，组织"国立和市立大专院校的校院长、教授代表和学生代表的座谈会；……说明党对公私立高等学校'维持原状，逐步改造'的方针政策，进一步稳定了人心"③，并通过对上海市立高校的走访，进一步摸清了各校的具体情况，保证了接管工作顺利地开展。各地省市立高校接收的具体步骤大抵相同，因此在对公立大学进行接管的同时，中国共产党也实现了对省市立公立大学的接管工作。

如前所述，中央人民政府逐步接管了旧中国遗留下来的公立大学，并在旧有公立大学实行"维持原有学校，逐步加以必要的与可能的改良的总方针"。接管工作的重点不仅在"接"，更为重要的是"管"。首先是要选择合适的人才对高等学校进行管理工作，特别是以进步人士为主，开展学校的管理工作。在学校内取消了反动的课程以及束缚师生思想的训导制度，清点了学校资产，成为人民的高等学校。文管会还宣布学校组织机构及规章制度暂不变更，教职员维持原职原薪，给学生们发放人民助学金。这些措施安定了师生的心情，维持了学校秩序的稳定，受到广大群众的欢迎，进而也使高校师生对党和党的文化教育政策有了初步认识。随着接收工作的顺利完成，各个学校开始在校内增设马克思列宁主义的政治课程，逐步稳定了学校秩序，改变了旧有公立学校的反动性质。1949 年 11 月 1 日，中央人民政府文化教育委员会正式办公，教育部召开成立大会，新中国人民的教育事业逐步走上正轨。1949 年底，"全国有高等学校 205 所，学生 116504 人，研究生 629 人。全国已解放地区的高等学校，共招收新生 30573 人，研究生 242 人。共毕业学生 21353 人、研究生 107 人，均由人民政府分配工作"④。至此，党中央和中央人民政府根据高等教育的规模，逐步开展对高等学校更为深入的接收和初步改造阶段。

---

① 唐守愚：《回忆上海高等学校接管前后的统战工作》，石鸿熙：《接管上海亲历记》，上海市政协文史资料编辑部 1997 年版，第 361 页。

② 唐守愚：《回忆上海高等学校接管前后的统战工作》，石鸿熙：《接管上海亲历记》，上海市政协文史资料编辑部 1997 年版，第 362 页。

③ 唐守愚：《回忆上海高等学校接管前后的统战工作》，石鸿熙：《接管上海亲历记》，上海市政协文史资料编辑部 1997 年版，第 363 页。

④ 刘光：《新中国高等教育大事记》（1949—1987），东北师范大学出版社 1990 年版，第 6 页。

1950 年夏，教育部的第一次全国高等教育会议明确了我国高等教育发展的总体方向："就是我们应该理论与实际一致的教育方法，为培养具有高度文化水平的、掌握现代科学和技术的成就的、全心全意为人民服务的、高级的国家建设人才而努力，"① 会议为进一步推进接收工作指明了指导思想和具体做法。会议随后还提出要接收工农出身的干部和青年，让他们有机会进入大学学习，在高校中培养更多工农身份出身的大学生。会议也特别强调关于这一方针的执行，要避免在执行的过程中出现教条主义等错误。在这次大会上，苏联专家 A. JL. 阿尔辛杰夫介绍了十月革命胜利之后苏联所进行的旧教育改造的经验，指出中国对各大学的改造在原则上和苏联是一样的，应当培养具体的专门性人才，而大学也应该向专门的方向发展。同时，阿尔辛杰夫还提出了中国高等教育改革的模式，他的发言体现出中国高等教育朝着苏联模式转变的必然倾向。这次会议更为重要的意义在于，它讨论了改造高等教育的方针和新中国高等教育的建设方向"要为经济建设服务……我们的高等学校既然以培养高级的建设人才为目的"②。在此方针指导下，中央人民政府继续采取谨慎的政策，进一步推动旧有公立大学的接管和改造工作。

总体而言，党和中央人民政府对公立大学的接管工作是顺利的，在对旧有公立大学进行接管的同时，也对旧的高等教育进行了有计划、有步骤地改造，主要是取消了国民党、三民主义青年团的校内组织，以及废除了国民党的训导制度和国民党的党义等课程。取而代之的是新民主主义论、辩证唯物主义等思想政治理论课程。实践证明，中国共产党对旧中国公立大学的接收方针是正确的。通过维持原校和逐步改造的方针，除了极少数与人民为敌的反动分子外，教师员工一律继续工作，学校的办学经费也照常拨付，从而较快地恢复了学校的正常秩序，培养了人才，团结了师生，避免了接收过程中的大动荡。新中国成立初期，中国共产党对公立大学的接收和改造过程在根本上是废除旧的教育制度，建立新的人民高等教育制度。因此，中国共产党在顺利完成接收工作后，重要的是建设人民的高等教育，以满足新政权建设和发展的需要。

四、公立大学的初步改造阶段

事实上，新中国成立初期，为恢复遭战争破坏的国民经济和巩固新生的人民政权，高等教育的接管和改造工作也是顺应时代要求及时有效展开的。而接管更重要的目的是改造旧有高等教育制度，从根本上改变其中不适应新的社会制度的内容。因此，"50 年代初期，中国的大学改革是以改造有着约半个世纪历史发展的近代大

---

① 马叙伦：《第一次全国教育会议开幕词》，《人民教育》1950 年第 3 期。
② 马叙伦：《第一次全国教育会议开幕词》，《人民教育》1950 年第 3 期。

学制度为其出发点的，并且在改革的基础之上建立了与旧的大学制度有着根本性区别的新的大学制度"①。所以中国共产党在对旧有公立大学进行接管的同时，虽没有迎来全国范围内的调整工作，但部分地区的公立大学也紧锣密鼓地开展了改造工作。

（一）公立大学党组织逐步由秘密转为公开

新中国成立前夕，各地党的地下组织和进步力量有力地组织了师生开展护校运动，保护了高校的各项设施。新中国成立后，在接管旧高等学校的过程中，中国共产党以其正确的方针政策，稳定了人心，保证了正常教学秩序的开展，这些做法受到了高校师生的拥护和支持，也使高等学校认识到加强党的领导重要性，广大师生都迫切地要求向党组织靠拢。依据上级党组织的决定，从1949年开始，各高校的党组织也由秘密逐步转为公开，并公布了党员名单。中国共产党党组织的公开，有利于党和群众的密切联系，同时也有助于加强党对高校工作的领导，从而在政治上保证了接收和改造工作的周密安排和部署。以国立北京大学的改造为例，1949年暑假，北京市委组织部为北京大、中学的党员组织举办了为期一个月的党训班，培训的对象包括党员和进步师生。党训班对党员和入党积极分子进行了党的基本知识的教育，也交流了学校的工作经验，一批积极分子通过学习加入了中国共产党。随后，全国各地大批高校师生积极向党组织靠拢，保证了中国共产党在高等学校政治领导的顺利推进。特别是在新中国成立后，党领导全国人民开展了一系列波澜壮阔的革命运动，在抗美援朝、土地改革、"三反""五反"等过程中，党正确有利地领导，促使师生得到了锻炼，政治觉悟也有了很大提升。因此高等学校党组织在公开之后，有效地领导了高等学校内部的改造工作。

（二）成立专门校务委员会全面指导改造工作

改造旧学校是极其艰巨的任务。在中国共产党的领导下，各高等学校成立专门的校务委员会，全面指导和安排改造工作。例如1949年中国共产党首先对清华大学和北京大学开始了接管工作，并成立了校务委员会。在逐步恢复课堂教学的情况下，北京大学的改造工作成为公立大学初步进行改造的一个缩影。自1949年1月北京解放开始，北京大学的改造工作大致分为三个阶段。第一阶段是从接管到校务委员会的成立，在"暂维现状，逐步改革"的政策指导下，取消了一些不合理的训导制度和若干反动课程，同时还积极展开了新学制的讨论工作。但在这个阶段，"学校行政上没有一个领导机构……在这个阶段内对业务课的学习情绪也不太高，这可以说是一个彷徨摸索的阶段"②。1949年5月之后，北京大学的校务委员会在北京文管会的领导下正式成立，学校的行政工作有了领导机构，一切设施也在逐步改革中，首

---

① 胡建华：《现代中国大学制度的原点：50年代初期的大学改革》，南京师范大学出版社2001年版，第11页。

② 彭越明：《北京大学一年来的改革与学习》，《观察》1950年第六卷8期。

要的是着手进行课程改革的工作，并开设了"《新哲学》《社会发展史》《新民主主义经济政策》"[①] 等政治理论课。这使同学们的学习情绪普遍提高，一些新的课程也代替了旧课程。从 1949 年秋季学期至 1950 年开始进入新民主主义学习的一个学期，为确保学制改革的顺利进行，北京大学各系都召开了师生大会，对课程改革、教学方法、学校行政等问题进行讨论，各项改革工作随即展开。政治课的学习获得了初步进展，业务课的改革也随即展开。随着改造工作的推进，各高校都相继成立了专门的校务委员会，全面计划和安排学校的改造工作。

第二节 1951—1953 年：公立大学的院系调整阶段

中国共产党对公立大学的接收和改造是一个除旧布新的过程，在顺利开展公立大学接收工作的同时，也在探索着公立大学适应新中国政权建设需要的改革之路。旧有公立大学所确立的制度是为旧统治所服务的，因此借鉴的是欧美资产阶级的办学特色，不能结合中国实际。旧有高校院系设置比较混乱，师资和校舍都较为分散，达不到良好的教学效果。在学习欧美教育的过程中，注重"通才"教育，缺乏实际专门人才的培养，在当时出现了"学非所用""用非所学"的问题。事实上，"通才"教育并非一无是处，对培养大学生基本素养和知识结构具有重要意义。从当时特定的历史条件来看，在新中国成立后，大规模的经济建设需要大量合格的专门人才，特别是工业建设型人才。因此，根据国家建设需要摒弃旧的人才培养模式，并对旧有高等教育的制度和体制加以改革，才能进一步满足新中国恢复经济，发展生产对人才的需要。就是在这样的历史背景下，党和中央政府规定了这次院系调整的基本方针和目标："以培养工业建设干部和师资为重点，发展专门学院和专科学校，整顿和加强综合性大学，逐步地创办函授学校和夜大学。"[②] 专门学院和专科学校分为多科性和单科性，主要为国家培养专门性的技术人才，而综合性大学主要为国家培养中、高等学校的教师和科学研究人才。院系调整还有一个主要任务就是吸收更多的工农成分的学生入学，主要的是在高校中建立附属工农速成中学，作为进入高校的预备班。

为使这些公立大学彻底改变旧教育制度的陋习，服务于人民，适应新中国政治、经济、文化各方面建设的需要，在经过对公立高等学校接收之后，中央人民政府就展开了对公立高等学校的改造工作。如前所述，改造的方向是服务于国家建设，特

---

① 彭越明：《北京大学一年来的改革与学习》，《观察》1950 年第六卷 8 期。
② 《全国高等学校院系调整基本完成》，《人民日报》1952 年 9 月 24 日，第 1 版。

别是经济建设的要求。为此，全国教育工作会议于 1949 年冬在北京召开，并明确提出新中国教育的总方针，教育主要是其政治经济的体现，服务于人民民主专政的国家。在新型政权的国家里，教育主要的是将工农出身的知识分子培养成为新中国建设的主力军，同时也提出了具体的教育工作方针，即有计划、有步骤、有重点地稳步前进。为此，在逐步完成对旧的高等教育接收之后，公立大学的改造阶段开始。其中最为重要的历史事件就是高等学校的院系调整工作。自 1949 年底，各地就开始了试点性的院系调整工作，而这一时期主要在一些试点地区进行零星的分散性调整。例如中国农业大学的前身北京农业大学就是由北京大学、清华大学等高校的农学院合并而成，经过调整它成为我国农业类高等学校中首屈一指的大学。

按照全国教育工作会议的指示，1950 年 6 月，教育部召开了第一次全国高等教育会议。会议提出高等教育改革最重要的方针是注重理论与实际相结合的教育。同时，教育部部长马叙伦还指出："我们要在统一的方针下，按照必要和可能，初步调整全国公私立高等学校或其某些院系，以便更好地配合国家建设的需要。"[①] 这是新中国第一次明确了关于院系调整的任务，开启了我国有计划地进行院系调整的重要一步，之后全国范围内的院系调整工作逐步展开。院系调整的方针特别强调稳步前进，严防在调整过程中的一刀切和急于求成，应根据院系调整过程中出现的问题不断调整相关方针和政策。1951 年 5 月，教育部在当年工作方针的任务报告中提出了关于高等学校院系调整的初步设想，因此从 1951 年就开始了对高等学校的局部调整，一些公立大学也陆续开始了院系调整和合并的工作。例如 1951 年 5 月，北洋大学与河北工学院合并，定名为天津大学，成为以燃料工业、重工业、轻工业等多科性的工业大学，为新中国培养了大批工业方面的人才。1952 年 5 月，教育部发布了高等学校院系调整的新要求，根据国家建设的整体计划和安排，以及各地区的实际情况，按照轻重缓急进行调整，并将高等学校按照大学、专门学院和专科学校三种类别加以调整和扩充。

一、1951 年下半年展开院系调整工作

院系调整主要按照大行政区为单位，在大行政区的范围内进行调整。从 1951 年下半年开始，有计划的重点调整院系工作逐步开始，对象是工科高等学校。事实上，早在中央人民政府教育部制定的 1951 年教育工作任务时就提出："首先调整工学院各系，或增设新系，此项工作先从华北和华东做起。"[②] 而后，具体的确定以高等学校相对集中的华北、华东和中南三个大区为重点，为全国范围内大规模院系调整做

---

① 马叙伦：《第一次全国教育会议开幕词》，《人民教育》1950 年第 3 期。

② 《关于 1950 年全国教育工作总结和 1951 年全国教育工作的方针和任务的报告》，《新华月报》1951 年第 4 卷 4 期。

了先行工作，主要是把较为分散的设在部分高等学校的工科院系集中起来，组建起多科性工业高等学校，或者专门学院。华北地区属于调整先试先行的重点地区。根据院系调整的要求，清华大学经过调整成了多科性的工业大学；北京大学接收了清华和燕京大学的文、理、法三个学院，成为综合性的大学；燕京大学而由此不复存在。天津地区在经过院系调整之后，天津大学成为多科性的工业大学，南开大学成为综合性大学，津沽大学的各院系分别并入两校。二者都成为新中国著名的公立高等院校，在培养多学科人才方面发挥了重要的作用。经过院系调整后，中央有关部门对各工科院校给予大力支持，使学校经费、师资队伍方面都得到有力补充，并加强了对工科院校的政治领导。

华东地区也同步开始了院系调整的工作。1951年4月，华东区工学院的调整会议举行，将复旦大学、交通大学、山东大学和上海财经学院等公立学校的系科进行调整改革。这些高校系科的调整比较顺利，在华东区高校中产生很大影响，对其他公立学校的院系调整起到了一定的推动作用。之后，浙江、江苏等省进行了若干院系调整。1951年7月，经教育部批准，"以私立大夏大学、光华大学的文理科为基础，加上复旦大学教育系、同济大学动物系和植物系、沪江大学音乐系及东亚体育专科学校，合并成立华东师范大学"[①]，主要培养中等学校师资。华东区经过这次调整，全区的公立高等学校有所减少，但各校的任务和重点工作更加明确，为今后开展高校工作提供了良好的条件。

在中南地区，1951年8月，中原大学教育学院与私立华中大学合并改组为公立华中大学。第二年，中华大学和湖北教育学院等院校并入后，学校改名为华中高等师范学校（华中师范大学的前身）。1951年10月，广东省文理学院合并中山大学的师范学院和华南联合大学的教育系，成立了华南师范学院（华南师范大学的前身）。之后，两校成为中南地区培养师范类人才的重要公立高等学校。

院系调整一个重要的目标就是适应新中国经济社会的发展。现代高等教育主要体现在教学、科研和服务三个主要功能上，但旧中国由于经济社会水平的限制，仅在教学一项功能上有所体现。理工院校在高等公立学校中所占比例极小，作用难以实现。当国家面临大规模工业化建设亟须相关人才时，理工类院校的调整和建设就变得异常重要。为此，教育部于1951年11月在京召开全国工学院院长会议，提出全国工学院调整方案，并提出了高等工业教育发展的方针。在此方针的指导下，随后的院系调整就以华北区、华东区和中南区为重点，在全国范围内开展有计划、有重点的院系调整工作，由此揭开了我国大规模院系调整的序幕。

031

① 袁运开、王铁仙：《华东师范大学校史：1951—2001》，华东师范大学出版社2001年版，第3页。

二、1952 年大规模院系调整工作

在 1951 年局部院系调整的基础上，特别是在两年多来高等教育内部的一系列改革和调整工作的基础上，我国于 1952 年迎来了全国范围的院系调整工作。特别是从 1953 年开始，我国要执行发展国民经济的第一个五年计划，经济社会形势的发展迫切要求高等学校加快培养各类专门人才，这成为大规模院系调整工作顺利开展的先决条件。在全面学习苏联经验的基础上，1952 年夏，院系调整工作依据原有的院系调整方针，开始"以华北、东北和华东为重点全面进行高等学校院系调整"①。经过政务院的批准，于 1952 年 8 月初通知到各大行政区教育部门贯彻执行。这一时期调整的重点放在了华北和华东、中南区，进一步整顿和加强综合大学，同时基本上完成高等工业、农业和师范类学校的院系调整工作，也对部分财经院校进行调整。《教育部关于全国高等学校 1952 年的调整设置方案》明确指出"为了适应国家建设的需要，整顿与加强综合大学，发展专门学院，首先是工业学院"②。因为在新中国成立初期，我国要大规模地进行工业化建设，特别是重工业的发展要求国家培养一大批的高级技术人才。1952 年 4 月 16 日，全国工学院调整方案公布，全国工学院的调整对我国工业人才的培养具有巨大促进作用。在华北地区，清华大学航空学院和北京工业学院航空系等合并成立了北京航空工业学院；北京钢铁学院也主要由北京工业学院、唐山铁道学院等学校冶金系科以及北京工业学院的采矿、钢铁等系科合并而成，它们都成为我国重要的工科类高校。为响应国家进行院系调整的需要，各地区都积极配合开展相关工作。

1952 年 6 月，京津地区的调整工作由此全面展开；到了 8 月，华东地区的高等学校也随即展开，复旦大学、南京大学、山东大学等综合性大学进行了相应的调整，并附设了工农速成中学。浙江大学通过原来浙江大学、之江大学两校工学院的系科组建成多科性的工业高等学校。10 月，西南地区也开始行动起来，重庆工学院、重庆土木建筑学院通过多所学校的工业院系组合而成，并且新建了四川化工学院以补充西南地区的高等工业学校。到 1952 年底前，东北和西北两大区已经基本完成了调整工作。东北区的综合性大学东北人民大学由原来的东北人民大学改设而成，"新设：中国语文、历史、俄文、数学、物理、化学、经济、法律等系"③。东北人民大

---

① 《中国教育年鉴》编辑部：《中国教育年鉴》（1949—1981），中国大百科全书出版社出版 1984 年版，第 233 页。

② 《教育部关于全国高等学校 1952 年的调整设置方案》，何东昌主编：《中华人民共和国重要教育文献 1949—1975》，海南出版社 1998 年版，第 150 页。

③ 《教育部关于全国高等学校 1952 年的调整设置方案》，何东昌主编：《中华人民共和国重要教育文献 1949—1975》，海南出版社 1998 年版，第 152 页。

学成为一所门类齐全的综合性大学。除此之外，还对一些高等师范学校、高等财经学校和高等政法学校进行了合并和调整。至此，全国四分之三的高等学校都进行了院系调整工作，同时将一些私立的学校并入或者改为公立的学校，进一步明确了各类学校的性质和各自任务。1952年的院系调整在总体上实现了工科和师范院校的发展，综合性大学的调整目标也基本实现。由于时间紧促，任务量较大，一些地区和院校尚未进行调整。因此，全国院系调整于1953年开始进入了全面调整阶段。

三、全面实现院系调整和完善阶段

从新中国成立到1953年之前，经过了三年的恢复时期，我国的经济发展出现良好转向，新生的政权逐步稳定下来。自1953年开始，我国开始国民经济的第一个五年计划，逐步开始了大规模的社会主义改造和建设。随着新形势的发展和变化，国家对教育的发展也适时做了相应的调整，"主要的任务是培养人才，特别是培养高、中级技术人才"[1]，教育成为今后文教工作的重点。重工业成为我国首要发展的行业，同时加强国家工业化和国防现代化建设，平衡轻工业等行业的发展比重。为适应社会主义改造和建设的需要，我国的高等教育改革也在不断做出调整。

1953年1月，党中央和中央政府开始按照大区进行重点调整工作，本次调整的重点地区是中南区。自1953年起，中南区全面开始调整高等学校院系的工作，调整方案是由中央高等教育部和中南高等教育管理局共同制订的。1953年7月，中南区高等学校院系调整委员会第一次会议召开，首要的是将国立的武汉大学和中山大学调整为综合性大学。8月，中南区高等学校院系调整委员会再次召开会议，着重成立武汉、长沙、南昌和桂林四个调整分会，为中南区全面开展院系调整工作做好充足准备。除此之外，华北、东北和华东三个大行政区开展了专业调整，而西北、西南也开展了局部的院系及专业调整。调整工作除了增强综合性大学实力之外，"调整的原则仍着重改组旧的庞杂的大学，加强和增设工业高等学校并适当地增设高等师范学校"[2]，本次师范类院系调整主要涉及北京师范大学、华东师范大学、南京师范学院等12所高等师范院校，并且把有关院校的师范和教育院系进行适当的集中和合并，实现师范院校资源的合理利用，进而组建能力更强的师范院校。在对政法和财经院系进行整顿的过程中，也主要采取了合并集中的办法。同时，经国务院批准，一些原属沿海地区高等学校专业和院系内迁到内地组建了新的高等学校，一部分高校也直接内迁建校，逐步缓解内地和沿海高等教育资源不均衡的问题。至此，全国高等院校的调整工作已基本完成，这项工作改变了旧中国公立大学院系庞杂、设置

---

① 《各大行政区文化教育委员会主任会议》，《新华月报》，1953年第3号。

② 《关于一九五三年全国高等学校院系调整的计划》，中央人民政府高等教育部办公厅：《高等教育文献法令汇编第1辑》，1954年版，第69页。

分布不合理的状况，逐步适应国家对培养专业人才的需求。

截至 1953 年底，全国高等学校在经过调整之后，除了根据国家建设需要对农林、卫生学校进行部分调整以外，全国的高等院校调整基本完成，各种类型的高等学校也有了普遍的发展。以华北地区为例，在通过调整后，全区共设置了 41 所院校。调整后的高等院校集中优势力量发展自身，成为我国高等院校中综合实力强大的院校。经过 1953 年的调整工作，"全国高等学校已由 201 所减为 182 所，计：综合大学 14 所，高等工业学校 39 所"[1]，在一定程度上改变了旧中国公立大学纷繁混乱的科系，更好地满足于国家建设对干部人才的需求。1952 年至 1953 年的院系调整是此次院系调整中规模最大的一次，使得我国高等学校的学生数量得到一定程度的提升，"一九五三年新学年开始以后，在校学生达到了二十二万多名，比一九五二年在校学生增加了百分之十左右，完全符合国家培养建设人材计划发展的比例"[2]，基本实现了这次院系调整的目标。同时，综合性的公立大学和各类专门学院也基本上改造为任务明确的新型高等学校，初步确定了公立大学的发展方向和发展规模，使得这些学校能更好地做好长期规划，开展高校的教学工作。至此，一般高等学校的院系调整工作基本完成。

第三节　1954—1956 年：公立大学的巩固和发展阶段

公立大学的接收和改造工作是中国共产党领导的我国高等教育建设过程中重要内容，随着院系调整工作的初步完成，促使我国公立大学的整体规模和结构得到提升。中国共产党领导的学制、课程和教学改革等工作根据实践发展，不断地调整和完善。院系调整工作也根据实际形势的发展需要，得到了进一步巩固和发展，总体上保证接收和改造工作的顺利完成。至 1956 年，社会主义三大改造完成，我国公立大学改造工作基本完成，顺利实现了新中国公立大学性质的转变，成为社会主义性质的公立大学。

一、继续开展学习苏联的高校教学改革

新中国成立初期，新生的政权受到帝国主义的包围和封锁，面对百废待兴的历史局面，特别是艰巨的经济建设使命，在社会主义创建和发展方面，我们没有历史经验，必须参照苏联蓝本进行学习，特别是苏联在高等教育方面积累了丰富的经验，

---

① 《高等教育部关于 1953 年高等学校院系调整工作的总结报告》，何东昌主编：《中华人民共和国重要教育文献 1949—1975》，海南出版社 1998 年版，第 282 页。

② 《全国高等学校院系调整基本完成》，《人民日报》1953 年 12 月 17 日，第 1 版。

这将成为我们借鉴的重要内容。苏联高等教育体制有着显著特点，那就是把学校教育规定为国家的事业，实行高度的集中统一，在学校管理的制度、措施，教学改革的程序等方面力求全国统一。因此在建设新中国高等教育制度的过程中，中国共产党以学习苏联经验为基础采取了一系列重要举措，与院系调整同时展开的还有教学改革工作。1953 年 1 月 22 日，《人民日报》发表《高等学校的教学改革应当稳步前进》一文，针对某些高校在教学改革中出现的过急、过快和要求过高的问题，指明教学改革应遵循"这一工作必须根据我国目前的具体情况，采取稳步前进的方针，有准备、有步骤地进行"① 的方针，特别是在教学改革过程中，发挥师生积极性和主动性，促进改进工作的顺利开展。紧接着，华东、中南、西北、东北等地区分别召开教学座谈会，1 月 29 日，中央高等教育部再次召开京津两地高校负责人和师生座谈会，以及其他形式的教学改革座谈会，传达中央对教学改革的步骤与方针的指导。通过这些会议讨论的结果来看，各学校的教学改革工作中出现的问题也基本得到了纠正和解决。从 1953 年到 1955 年，教育部和高等教育部召开了全国综合大学及高等工业、财经、政法等各类院校的工作会议，明确了各类公立大学教学改革的目标和要求，这些会议对公立大学的教学改革诸多方面进行了研讨。为更好地学习苏联开展教学改革的方法，国内聘请了大批苏联专家，这些专家涉及教育科学、自然科学和马克思主义及人文学科多个领域，有一部分甚至直接参与到新中国成立初期的学制改革、院系调整和教学计划改革等重要决策中。国内同时派遣大批留学生到苏联学习先进的科学技术和思想，占留学生总数的比重非常高，学成归国后成为传播苏联教育思想的重要学者。除了这些措施以外，国内于 1952 年后开始对公立大学进行了教学工作的改革，进行了专业设置，有计划地确定高等学校专业目录，按专业培养专才，同时制定全国统一的教学计划及教学大纲，以统一各学科的教学内容和教学要求，努力完成发展高等教育，提高教学质量的任务。1955 年，教育部还特别提出要在学习苏联经验的基础上，推进教学改革，力求在教学改革各个环节以苏联模式为蓝本。

根据上述要求，到改造工作收尾的 1956 年，公立大学基本上都具备了一套较为齐全和统一的教学计划和大纲。这一做法使公立大学在教学方面有了可供参考的教学依据。为促进教学改革的顺利推进，在教学内容上达到有效的统一，高等教育部还部署和安排相关单位对苏联教材进行翻译工作，以期更好地学习苏联的教学改革工作。为此，开展翻译工作的公立大学积极部署翻译教材工作，创建专业的翻译队伍开展具体工作。在各高等学校的共同努力下，至 1955 年 4 月，"采用苏联教材的

---

① 《高等学校的教学改革应当稳步前进》，《人民日报》1953 年 1 月 22 日，第 1 版。

课程，共有 620 门"①。苏联教材的翻译和出版，对高等学校提高教学质量起了积极的作用，同时也有助于公立大学将苏联的教学方法推广到教学实际中。事实上，在实际的改革中，苏联的教学方法对我国高等学校的教学模式产生了深刻的影响。

二、学制和领导体制的改革与完善

新中国成立后，改革旧学制、制定新学制成为高等教育改革的关键。中央人民政府于 1951 年 10 月公布了《政务院关于改革学制的决定》，新学制明确地把高等学校分为大学、专门学院和专科学校，并明确了它们的性质和任务："大学和专门学院修业年限以三年至五年为原则，"② 而专科学校修业年限为 2 至 3 年。新学制最大的特点是"反映了我们政权的性质"③，这也是适应当时国家建设需要的。这种学制是以苏联五年制教学计划为蓝本，我们在改革的实践过程中发现，如果适当延长学习年限就会降低标准，使学生学业负担过重，不能适应国家工业化建设对人才的要求。1955 年 8 月 5 日，中华人民共和国国务院批准高教部《1954 年的工作总结和 1955 年的工作要点》中确定逐步改变高等学校的学制："首先将高等工科学校和综合大学逐步改为五年制。……应着手制订五年制的教学计划和教学大纲，不只是单纯地将原来四年制的内容摊到五年，而是更加结合中国的实际和符合今后建设的需要，并注意到实施军事训练的要求。"④ 具体实施情况要通过个别试行，逐步推进的方式展开。1956 年 5 月，高教部发布《关于在部分高等农林学校改变学制的通知》，将部分高等农林学校改为五年制。新中国的学制改革基本以 1951 年政务院公布的内容为主，在对公立大学的接收和改造过程中也进行了修改和补充，总体是适应当时中国国情的，为今后的发展做了铺垫。

同时我国的教育行政体制也在这一时期得到完善和发展。为统一管理全国的教育事业，中央人民政府教育部于 1949 年 11 月成立，下设"办公厅、高等教育司、中等教育司、初等教育司、社会教育司、视导司"⑤。为进一步完善高等学校各项工作，1952 年 11 月 15 日，"中央人民政府委员会第十九次会议通过决议，成立高等教育部"⑥，专门负责高等学校的事务。教育部和高等教育部对公立大学的领导体制

---

① 《中国教育年鉴》编辑部：《中国教育年鉴》（1949—1981），中国大百科全书出版社 1984 年版，第 234 页。
② 《政务院关于改革学制的决定》，何东昌主编：《中华人民共和国重要教育文献 1949—1975》，海南出版社 1998 年版，第 106 页。
③ 周恩来：《谈新学制》，何东昌主编：《中华人民共和国重要教育文献 1949—1975》，海南出版社 1998 年版，第 107 页。
④ 高等教育部办公厅：《高等教育文献法令汇编 第 3 辑》（1955 年 1—12 月），1956 年版，第 11 页。
⑤ 苏渭昌、雷克啸、章炳良：《中国教育通史·中华人民共和国卷（下）》，北京师范大学出版社 2013 年版，第 116–117 页。
⑥ 金铁宽：《中华人民共和国教育大事记》（1），山东教育出版社 1995 年版，第 134 页。

作了详尽而明确的规定，实现了对公立大学的集中统一领导；1952年底，规定高等学校由教育部与中央人民政府各有关业务部门通力协作，实行集中统一的管理。随着高等教育改革深入发展，保证管理工作更加严格细致，1956年，在第一届全国人民代表大会第三次会议上，更进一步地明确了高等学校的领导关系。高等教育部直接领导综合大学，以及与几个业务部门有关的专科性专门学院和个别的单科专门学院。其他由中央业务部门直接领导其所属事业或全国性的某项建设事业培养干部的高等学校，而地方负责部门直接领导为地方事业培养干部的学校，并对其分工做了具体的安排。至此，我国公立大学的领导关系变得更为细致和明确，更加满足社会主义建设对高等学校的领导和发展要求。

三、新一轮院系调整继续展开

在新中国高等教育建设的起步阶段，院系调整工作对改变庞大纷乱，缺乏合理规划的公立大学来说可谓意义重大。通过1952至1953年的大规模院系调整工作，我国公立大学的结构趋于合理，高校人才的培养目标与新中国国家建设对人才的需要也日趋一致。随着第一轮院系调整工作的结束，高校发展又面临着一些新的问题，例如院系调整的不够深入、区域间发展的不平衡等，但最主要的还是需要培育大批工业建设的各项人才，在稳步推进国家各项事业前进的同时，保证人民文化水平的提升。

这里特别强调了随着工业化建设的需要，要进一步加强工业人才的培养，满足社会主义建设的需要。1955年，中共中央根据经济社会发展形势进一步提出，高等教育建设必须符合社会主义建设的要求，保证学校设置在不同地区的均衡发展，保证内地高等学校的发展。自1955年高等教育部又拟定新一轮为期两年较大规模的院系调整计划。"经国务院批准，在武汉、兰州、西安、成都等内地城市建设了一批高等学校。"[1] 同时，学校的规模也应控制在适当的发展范围内，实现资源的合理利用，发挥沿海和接近沿海城市学校现有校舍，教学设备等方面的潜力。与以往调整目标不同的是，本次调整是在原有调整的基础上，打破过去高校主要分布在沿海大中城市不均衡的发展格局。总体原则是平衡高校在不同地区的分布和适当缩小高校发展规模，实现资源在地区间的均衡调配。1955年颁发的《关于1955—1957年高等教育学校院系调整有关事项的通知》还强调注重资源设备的节约和合理利用，"在内地新建的学校、内迁的学校以及调整后的现有学校，在一定时期内各方面的条件可能或多或少的不如现在，须在今后有计划地逐步加以充实"[2]。通知重点强调发扬艰苦作风，克服困难，并实现教学资源的合理利用率。在调整步骤上，通知特

① 《中国教育年鉴》编辑部：《中国教育年鉴》（1949—1981），中国大百科全书出版社1984年版，第234页。

② 高等教育部办公厅：《高等教育文献法令汇编　第3辑》（1955年1—12月），1956年版，第39页。

别强调"既要克服安于现状的保守思想，又要防止急躁冒进的偏向"①，要稳步地实现调整的目标和要求。

1955—1957 年的高校布局调整。由于 1953 年的院系调整基本上按大行政区进行，因而受当时历史条件的局限，并没有从宏观上对高等学校的地区分布情况进行合理安排和部署。1955 年，中共中央在研究和修订第一个五年计划时，就特别注意控制学校的发展规模，避免高等学校大批集中在某些区域。事实上，截止 1954 年，"全国原有学校多集中在沿海十七个大城市（校数占 51% 强，在校学生占 61.6%，各类教师数占 61%，解放以后的基建面积数占 61.5%，同时期的教学设备费用占三分之二），与工业规划和国防部署不相适应。而且许多学校发展规模预定得过大，一万人以上的有十三校，五千人至九千人的有三十一校，在教学和行政的管理上也会有很大困难"②。随着社会主义建设对高等教育发展的要求，这种情况也要成为今后改革的一个重点。同时，随着工业化建设的快速发展，院系调整的重点也特别强调工科类院校要同工业基地结合起来，合理部署，逐步地重新设置院系专业，对症口径，从而减少干部人才计划的盲目性。因此，为从根本上改变高等学校过于集中在少数大城市，特别是集中在沿海大城市的问题，国家于 1955—1957 年再次进行局部的院系调整。面对内地和沿海高等学校发展不均衡的问题，这次调整主要的是将沿海地区的一些专业和系部迁移到内地，并增设了一些新的专业。例如，这次调整决定将上海交通大学的大部分专业和师生迁往西安（即今天的西安交通大学），小部分留在上海，与原来上海造船学院及筹办中的南阳工学院合并，作为交通大学的上海部分。两校由此继续保持协作关系，共同提高。经过两年的调整，全国高等学校总数调整为 184 所，这一阶段是根据国民经济发展的情况进行调整的，避免沿海和内地高校发展的不平衡，实现高校资源在内地和沿海的合理配置，并促进内地高校规模的提升。至此，20 世纪 50 年代高等学校的院系调整工作宣告结束。这次院系调整基本上改变了旧高等教育中一些不合理状况，顺应了党中央和中央人民政府关于高等教育要配合国民经济发展，配合工业建设的要求，促进高等教育的发展。

---

① 毛礼锐：《中国教育通史》第 6 卷，山东教育出版社 1989 年版，第 80 页。

② 《中华人民共和国高等教育部 1954 年的工作总结和 1955 年的工作要点》，上海市高等教育局研究室等：《中华人民共和国建国以来高等教育重要文献选编》（上册），出版社不详 1979 年版，第 198 页。

第三章　公立大学接收和改造的主要内容

　　党对旧有公立大学的接收和改造工作涉及的内容是多方面的，力求通过接收和改造工作实现公立大学革故鼎新的变革之路，以适应新政权的建设。探索新中国高等教育发展道路虽然较为艰辛，但是党和中央政府依据实践情况的变化和发展，不断调整和完善公立大学改造的方针和政策，促使接收和改造工作的有效开展。在顺利完成公立大学的接收工作后，就展开了对公立大学有计划、有步骤的改造工作。新中国的高等教育踏入新的阶段，"大学担负起来了新的任务，为了完成这新任务，原有大学制度和教学内容暴露了它的弱点，必须加以改造了"[1]。革命新时代的急切要求与之相适应的教育制度的变革和发展，对旧有公立大学的改造也成为必然。改造的目的就是废除旧教育，建设人民新教育。更具体的目标就是以马克思列宁主义思想为指导，借鉴苏联高等教育经验，培养新中国为人民服务的高级建设者和接班人。

　　根据《共同纲领》中关于文化教育政策的规定，中华人民共和国的高等学校的宗旨是用理论联系实际的教育方法，培养具有高度文化水平，掌握现代科学技术的成就并能全心全意为人民服务的高级建设人才，并在《共同纲领》第四十六条中规定"人民政府应有计划、有步骤地改革旧的教育制度、教育内容和教学方法"[2]，进而实现公立大学为人民服务的性质。对公立大学的改造主要也是围绕着这一宗旨展开的。改造的内容主要涉及对旧有公立大学的思想改造、制度改革、教育内容改革等诸多方面："（1）全国高等学校一律废除国民党党义和反动的训导制度。（2）全部接受外国津贴的教会大学，收回教育主权，并分期分批接办私立高等学校。（3）确立了中国共产党对学校的领导，建立政治工作机构，开设马列课程，对学生进行政治思想教育。（4）有领导地进行知识分子思想改造学习运动。（5）确定向工农开门

---

①　费孝通：《大学的改造》，商务印书馆2017年版，第1页。
②　《中国人民政治协商会议共同纲领》，人民出版社1952年版，第15页。

的方针，创办中国人民大学和工农速成中学。（6）规定基本学制，实施课程改革。"① 在顺利实现对旧有公立大学的接收工作后，诸如废除国民党党义和训导制度，开设政治理论课程等改造工作就随即展开。本章主要讲述围绕改造旧教育、建设人民新教育的目标和方针，并对旧有公立大学接收和改造的中心内容做详细阐述。

第一节　公立大学接收和改造的目标与方针

从 1949 年新中国成立开始，到 1956 年，中国革命完成了由新民主主义到社会主义的转变，奠定了社会主义制度的基础。1949 年至 1952 年是三年国民经济恢复时期，既要完成新民主主义革命的任务，又要恢复遭受战争多年破坏的国民经济。1953 年到 1956 年是社会主义过渡时期，党领导的公立大学接收和改造就是在这一时期展开。由于国民党政权在大陆垮台后，国立和省（市）立的高等学校没有了经费来源和主要的管理部门，因此接管工作首先从国立和省（市）立等公立大学开始。对公立大学的接收和改造，虽然没有极具针对性的政策和方针，但是在旧有高等学校接收和改造工作的目标和方针中涵盖了公立大学的内容，具有宏观指导意义，特别是党对高等学校接收和改造的具体政策，是随着中国革命实践变化而变化的。党及时制定和调整了符合实际的教育政策和方针。通过贯彻执行，高等教育的任务由主要为革命斗争和生产建设服务逐步转向为社会主义建设服务。

一、公立大学接收和改造的目标

新中国成立之后，全国的大部分地区都获得了解放，全面进行社会建设将成为今后的主要任务。新民主主义革命的胜利是以工农联盟为基础的人民大众的，反对帝国主义、封建主义和官僚资本主义革命的胜利。因此，新中国的教育思想必须以无产阶级的思想，即马克思列宁主义和毛泽东思想为指导。高等教育实际上是由半殖民地半封建社会的旧式教育向民族的、科学的、大众的新民主主义教育的转变，其宗旨是全心全意为人民服务，首要的是建设为工农服务的新民主主义教育。

因此，对公立大学接收和改造的首要目标就是要建立新型的人民高等教育，主要是根据《共同纲领》的基本要求，借鉴苏联高等教育的成功经验，对旧有高等教育中的内容进行扬弃，实现"以提高人民文化水平，培养国家建设人才，肃清封建的、买办的、法西斯主义的思想，发展为人民服务的思想为主要任务"② 的新民主

① 《中国教育年鉴》编辑部：《中国教育年鉴》（1949—1981），中国大百科全书出版社 1984 年版，第 233 页。

② 《在全国教育工作会议上　钱俊瑞副部长总结报告要点》，《人民日报》1950 年 1 月 6 日，第 3 版。

主义教育。在废旧立新的过程中，国家创办为人民服务的新中国大学，培养新中国的人才，除了青年知识分子，还要吸收工农青年和干部，这是中国新式高等教育的起点。党对旧的高等教育的接收和改造的目标，就是要从人民整体的利益出发，发展为人民服务的思想，密切配合着新中国成立初期我国工业、农业和国防建设的需要，实现理论与实际相联系，加强科学理论和技术的教学工作，同时运用科学的观点和方法开展包括政治、经济、历史等学科的研究工作，为新中国培养各方面建设者和接班人，进而在提高人民群众整体文化水平的基础上，推进国家各方面的建设。因此，新中国公立大学接收和改造的中心目标就是建设为人民服务的新型高等教育。

二、公立大学接收和改造的方针

1949 年 12 月，中央人民政府教育部召开全国教育会议，提出新民主主义教育的总方针是："新中国的教育应该是反映新中国的政治经济，作为巩固与发展人民民主专政的一种斗争工具的新教育。"[1] 新民主主义教育的总方针是依据新中国总的战略路线并结合着当时中国革命形势、任务和对象等发生变化的实际情况提出来的。因此，新型的人民教育要与经济、国防、政法、文化等建设事业密切配合，培养新中国各方面建设需要的人才，首要的是经济建设的人才。新中国在成立初期，经济建设任务很重，教育工作的重点和主要目标就是为生产建设服务，为恢复和发展人民经济服务。为贯彻新民主主义教育的总方针，党和政府开展了对公立大学接收和改造的具体工作，以期通过接收和改造工作使公立大学顺利改造成为新型的人民大学，为国家建设培养各方面人才。新中国成立初期，百废待兴，各项事业都需要逐步推进，特别是教育事业的发展要在新民主主义教育总方针的指导下，依据具体情况和条件，根据国家教育不平衡性的复杂特点，按照轻重缓急的顺序，制定出公立大学接收和改造的具体方针和步骤。

（一）对旧教育实行坚决改造、逐步实现的方针

公立大学的性质主要的是由它所服务的阶级决定。在国民党统治时期，旧教育主要是为资产阶级服务的，是旧有政权统治者借以统治民众的重要手段。其腐朽落后的旧思想是旧政权的一种反映。当旧政权在中国土崩瓦解之际，其落后的旧教育制度也应当一并加以改之。新中国成立后，即将教育性质明确规定为民族的、科学的、大众的文化教育，并且特别强调"中华人民共和国的教育方法为理论与实际一致"[2]，还明确为改革旧教育提供了具体的步骤。那就是先从改革旧教育制度，改革课程、教材、教学方法等一系列工作入手，虽然任务和步骤较为复杂，但通过逐步

① 《全国教育工作会议开幕 马叙伦部长说明新教育方针 郭沫若等相继讲话》，《人民日报》1949 年12 月 24 日，第 1 版。
② 《中国人民政治协商会议共同纲领》，人民出版社 1952 年版，第 15 页。

改造的方式一定可以顺利实现。

因此，随着新政权的建立，旧有教育制度的诸多方面都已不能适应新政权建设的需要。改造旧教育制度，建立新的教育制度是当时的紧迫任务，但教育事业的发展是一项长期性的工作，恢复和发展高等教育是一项逐步推进的重要任务。客观上，对改造旧教育制度缺乏丰富的经验且急于求成，不利于改造工作的顺利完成。1948年7月13日，《中央宣传部关于新收复城市大学办学方针的指示》颁布，指出由于新中国各项事业尚属起步阶段，高等教育的办学力量还不够，不能对收复城市的教育工作急于求成，"不如采取稳扎稳打的政策，先维持然后慢慢改进"[1]，所以"收复城市后对于原有大学的方针，应是维持原校加以必要与可能的改良"[2]。这里就特别强调改造是必然的，但不能急进冒险地去改造，更不能将改良等同于改良主义。由于我们没有经验可循，需逐步展开稳步前进。这样才能在不破坏正常教学秩序的情况下培养人才，也保证教师能在稳定的环境中开展教学和研究工作，避免较大动荡的产生。新中国的高等教育是为人民服务的，要有计划有步骤地开展旧教育的改造工作。其主要原因有，新中国成立的头三年，党中央和中央人民政府的中心工作是恢复和发展国民经济，必须谨慎地进行对旧教育事业的改造；另一方面，新中国成立前高等教育多为帝国主义控制，旧有的高等教育制度显然不能适应新社会的需要，改造是必然的。然而，中国各地区间政治、经济、文化发展是极不平衡的，高等学校的分布不均衡性等问题决定了对旧教育的改造要有计划，分清轻重缓急，逐步进行。纵观上述情况，1949年12月23日，第一次全国教育工作会议上提出"对旧教育，我们采取的是坚决改造，逐步实现的方针"[3]。会议也再次传达了稳步推进接收的信号，时任教育部部长的马叙伦还特别强调改造的过程不是一蹴而就的，在一段时间内解决不了的问题，可以暂时维持现状，而不是单凭主观愿望急于求成和急躁盲目。这里也明确了对旧教育改造的态度，即必须坚决进行改造以适应新政权建设的需要，同时也要防止改造过程中出现否定一切的极端现象，要批判地吸收历史遗产中一些优良部分。根据毛泽东同志在《新民主主义论》中阐明的基本原则，教育部提出"以原有的新教育的良好经验为基础，吸收旧教育的某些有用的经验，特别要借助苏联教育建设的先进经验"[4] 的教育改革方针。

中国共产党的领导人深刻认识到，中国旧教育的改造和建设人民的新教育是一个长期而艰巨的工程，有困难但也具备诸多有利条件，通过这些方针，才能更好地发展新民主主义的教育。在明确了旧教育改造的指导思想和方针之后，教育部门依

---

① 《中共中央文件选集》第17册（1948年），中共中央党校出版社1992年版，第240页。
② 《中共中央文件选集》第17册（1948年），中共中央党校出版社1992年版，第240页。
③ 《高等教育文献法令汇编》（1949—1952），高等教育部办公厅1958年版，第2页。
④ 《高等教育文献法令汇编》（1949—1952），高等教育部办公厅1958年版，第4页。

据这一方针，开始了对旧有全部教育设施的接收和管理，同时在继承过去革命根据地教育工作的优良传统之上，学习苏联的经验，对高等学校的教学计划、教学内容、教学方法等进行了全面改革。

（二）教育为工农兵服务，高等学校为工农开门的方针

新民主主义的教育是大众的，要体现为大众服务的思想。教育发展的方向是要有利于人民的，而人民中最重要的组成部分就是工人阶级。中国的工人和农民是新中国的主人，以其勤劳和勇敢创造了辉煌的中国历史和文化。可是在腐朽落后的旧中国，他们无法获得同等的受教育权利，对高等教育如仰望星河一般遥不可及。革命根据地时期，中国共产党在高等教育中贯彻教育与生产相结合的原则，特别注重工人阶级的历史地位，培养为革命和生产建设服务的优秀干部人才。新中国成立后，中国共产党的领导人十分重视教育的工农化和大众化，特别强调"新民主主义的高等教育首先就要向工农开门，培养工农出身的新型知识分子"[1]。工农可以享有同等受教育的权利。国家把发展工农教育，培养工农出身的新型知识分子作为新中国教育的重要任务，特别注重对工农大众进行政治、文化和技术的教育，提升广大工农群众的文化水平。

1949 年 11 月 17 日，由华北区及京津两市专科以上院校主要负责人参加的教育联系会议召开，会上，教育部部长马叙伦就教育方针进行阐述："实行为人民服务，首先为工农服务的教育政策，坚决执行《共同纲领》中所规定的任务，有计划有步骤地稳步前进。"[2] 这就指明了新中国高等教育的重点工作，即为工农兵服务的方针。1949 年 12 月 23 日，在第一次全国教育工作会议上，马叙伦同志进一步提出大中学校都应当积极吸收和培养工农青年，把他们培养成为新中国各项事业建设的中坚力量。同时他也对这一方针给予重要评价："这是中国新教育建设的工程中具有头等重要意义的工作，我们应该首先努力促其实现。"[3] 这就为公立大学的改造指明了方向，我们的培养对象应以工农为主体，通过培养和教育使他们成为新中国国家建设的骨干力量。

1950 年 2 月 20 日，在全国学联扩大执委会上，钱俊瑞副部长再次提出高校要吸收和培养工农出身的学生，并指出具体做法："着重推行劳动者的业余补习教育，准备普及成人识字教育，培养工农出身的新型知识分子；实行教育与生产结合，加强对青年学生和旧知识分子的革命政治教育。"[4] 之后，钱俊瑞副部长进一步强调：

---

① 杨天平、黄宝春：《中国共产党教育方针 90 年发展研究》，重庆大学出版社 2015 年版，第 73 页。
② 《教育部召开华北京津十九院校负责人会议　讨论高等教育改造方针》，《人民日报》1949 年 11 月 22 日，第 4 版。
③ 《教育文献法令汇编》（1949—1952），中华人民共和国教育部办公厅 1958 年印行，第 2 页。
④ 杨天平、黄宝春：《中国共产党教育方针 90 年发展研究》，重庆大学出版社 2015 年版，第 74 页。

"为工农服务，为生产建设服务，这就是当前实行新民主主义教育的中心方针。"① 这不仅是新中国成立后的重要教育方针，也是公立大学改造的重要指导方针，即高等教育要为工农开门，培养工农出身的知识分子投身新中国工业化建设当中。1950年5月1日，在为《人民教育》创刊号题词时，毛泽东同志指出："恢复和发展人民教育是当前重要任务之一。"② 毛泽东同志还重点指明了新中国人民教育的中心任务，以及培养工农人才投身新中国建设的重要责任。因此，1950年6月1日，在第一次全国高等教育会议上，教育部部长马叙伦在提到今后整顿和加强高等教育时的一个重要方针："我们的高等学校从现在起就应该准备和开始为工农开门，以便及时地为我们的国家培养大批工农出身的知识分子。"③ 同时还明确了高等学校的入学条件和要求。新中国的高等学校开始为工农敞开大门，为培养工农出身的知识分子提供良好的条件。新中国是以人民当家作主为基础的，各方面的建设都需要工农出身的科技专家作为新的骨干力量，因此培养工农出身的科技专家和人才是高等学校的重要使命和任务，而对于高等学校中出现的一些轻视工农、脱离工农的陈旧观念和错误思想要坚决予以改正，并且将教育工农青年和工农干部作为高等学校的光荣职责。1950年10月，以华北大学为基础合并组建中国人民大学正式开学。中国人民大学是新中国创办的第一所新型大学，也是以吸收工农干部为主，为国家培养建设干部的新型高等学校。

为进一步贯彻高等学校为工农开门的方针，有计划地输送一批工农子弟进入高等学校学习，从1951年暑假开始，高等学校有计划、有重点的招收新生。在招生的过程中，高校也特别注重对从事革命工作的知识分子干部、工农干部以及产业工人的吸收。由于参加人民革命斗争的许多工农出身的干部，以及工农群众中的一部分具有一定文化程度的青年积极分子，通常他们会有提高自身文化水平的愿望和实际需要。一些公立高等学校就在自己学校内部设立工农速成中学，作为升入高等学校的预备班。全国也相继创办了许多工农速成中学，吸收具有一定年限的革命干部和产业工人，采取速成的办法，学完中学课程后直接升入高等学校。1951年10月，政务院颁布了《关于改革学制的决定》确立了新的工农教育制度系统，例如提出"工农速成中学，修业年限为三至四年……毕业后，得经过考试升入各种高等学校"④，从学制上确立工农成人教育在新中国教育体制中的重要地位。特别是在1952年之后，我国新民主主义革命的任务已经基本完成，社会主义的政治成分和经济成分已明显占优势，国民经济也开始有条件地实行有计划、按比例发展。培养各层次

---

① 钱俊瑞：《当前教育建设的方针》，《人民教育》1950年第01期。

② 《毛主席题字》，《人民教育》1950年第01期。

③ 马叙伦：《第一次全国高等教育会议开幕词》，《人民教育》1950年第03期。

④ 何东昌主编：《中华人民共和国重要教育文献（1949—1975）》，海南出版社1998年版，第106页。

的劳动力服务成为高等教育发展的工作重点，由此，高等学校中工农成分学生日益增加。党对公立大学的改造基本上围绕这一方针展开，其中心目标是建设新型的人民的高等教育，保证其为人民服务的本质特征。同时，在改造过程中特别注重为工农开门，确保他们享有接受正规高等教育的权利，培养工农出身的知识分子为国家建设服务。

（三）着重贯彻调整、统一、整顿、巩固的方针

党和政府对公立大学顺利完成接收工作之后，便着手开始进行改造工作。对旧公立大学的改造并没有足够经验可循，但特别注重根据国家经济社会发展的需要，密切配合经济社会发展的整体建设来调整高等学校的整体结构和制度框架。因此，中央政府特别提出"配合国家建设的需要，适当地、有步骤地充实和调整原有高等学校的院系"[①]。提出这一方针的主要原因在于，新中国的人民教育是新型的人民教育，它要与新中国的经济、国防、政法、文化等建设事业紧密配合，培养出新中国各方面建设需要的人才。通过对高等学校的调整和整顿，才能更好地实现高等教育的培养目标和要求。按照这一方针的要求，1951年，全国教育工作的方针明确为"着重进行各级学校的调整、统一、整顿、巩固"[②]，更进一步地明确了加强高等学校的调整和整顿任务。1951年起，高等教育工作的主要任务是调整工学院各系，从华东和华北地区开始，并加强对政治、法律系的整顿工作，同时还整合师范类学校的资源，保证各地区有均衡的师资力量。在党中央和中央人民政府的领导下，这一政策保证了整顿和改革工作的顺利进行，它是新中国公立大学发展史上的一个重要举措，为之后公立大学教育教学改革打下了基础。

党对公立大学改造的方针是随着经济社会发展的需要适时调整和逐步完善的。随着国家经济建设的不断发展，公立大学的改造也逐步推进。只有高等教育的发展沿着正确方向前进，才能保证避免急于求成、盲目改造的问题出现。事实上，随着改造工作的深入推进，高校仍然存在着注重数量轻视质量、贪多冒进和要求过急的现象。面对这种情况，为保证高等学校顺利完成改造工作，1953年7月1日，高等教育部部长马叙伦同志在全国高等工业学校行政会议上，提出今后教育改革的方针是"整顿巩固、重点发展、提高质量、稳步前进"[③]，在巩固原有成果的基础上稳步前进，兼顾重点与全面，注重质量的提高，在巩固中作重点的发展。在一定程度上集中力量才能适应经济建设的需要，全力为国家培养各项建设人才。公立大学在整顿过程中，特别强调综合性大学是高等教育的基础，在调整的过程中要加强统一领

---

① 《高等教育文献法令汇编》（1949—1952），高等教育部办公厅1958年版，第23页。
② 《高等教育文献法令汇编》（1949—1952），高等教育部办公厅1958年版，第22页。
③ 《关于全国高等教育的基本情况和今后方针与工作的报告》，中央人民政府高等教育部办公厅：《高等教育文献法令汇编第1辑》（1953年1至12月），1954年版，第9页。

导，才能使其更好地担负起培养人才的重任。其他的各类高等学校也应着重进行整顿，特别是政法和财经类高校，由于条件不充足也可以一定程度的集中，为今后的发展做准备。

新中国成立初期对旧有高等教育接收和改造的方针政策，鲜明地体现了新中国的国家性质以及工农阶级的教育权益。在改造旧有高等教育、建设人民新高等教育的过程中，这些方针发挥了良好的导向功能和协调功能，为我国的公立大学由新民主主义性质向社会主义性质的过渡提供了强有力的保障。随后展开的接收和改造工作能够顺利开展，也得益于这些方针的正确指导和贯彻执行。

从1949年新中国成立到社会主义改造基本完成的七年时间，是新中国高等教育的初创阶段，也是社会主义高等教育的奠基阶段。而新中国公立大学的发展至此走上了为人民服务，为社会主义服务的道路。在这期间，党对公立大学的接收和改造工作主要分为两个阶段。一是对旧教育的接管阶段，从1949年开始，依据"维持原有学校，逐步加以必要的与可能的改良"的总方针，逐步完成了对旧有公立大学的接收工作。二是建立人民的新型公立大学阶段。在完成接收工作之后，党和政府即开始了对旧教育的改造和建立人民新型高等学校的阶段。在这个阶段，公立大学确立了马克思列宁主义、毛泽东思想的指导地位，实现了党对高等教育集中统一的领导。1950年10月3日，中国人民大学举行开学典礼，成为新中国创办的第一所新型公立大学。同时，通过对学制、课程、教材改革，院系调整等一系列教育教学改革工作，在全国范围开启了新中国为人民服务的新型公立大学的探索之路。

第二节　公立大学师生的思想改造

新中国成立初期，与新政权相适应的政治、经济、文化等各项事业随之展开。为建立为人民服务的、新型的高等教育制度，中国共产党通过前期的充分准备和详细部署，顺利地对旧有公立高等学校进行了接收，但在接收后，公立高等学校部分师生仍存在着旧思想和旧观念，改造的过程不是一蹴而就的。旧思想旧观点的变化和消失，与经济基础和其他上层建筑（例如政治和法律）的改变不一定是同步的，有时要相对慢一些。党对公立大学的接收和改造，不仅是要改革旧教育制度，建立新型的人民教育制度；同时还要破除和清理旧有的观念和上层建筑，即"有计划、有步骤地在教师和青年学生中进行政治与思想教育，其主要目的乃是逐步建立革命的人生观"[1]。这一点具体指的是在公立大学中肃清资产阶级、封建主义思想的影

---

[1] 《建国以来重要文献选编》第3册，中国文献出版社2011年版，第77页。

响，改造旧教育思想中不适应新中国高等教育发展的内容，树立为人民服务的思想。同时，新思想和新观念的建立也要随着新的政治和经济的发展逐步建立起来。通过对马克思主义的宣传教育和学习，以及向师生宣传中国共产党的政治主张和教育方针，达到师生对新社会美好愿景的共同认识，从而实现高等学校的师生对新生人民政权的普遍认同，保证接管和改造工作的顺利进行。因此，在对公立大学的接收和改造过程中，思想的改造尤为重要。

一、设立政治理论课程

中国共产党是马克思主义理论武装的政党，中国共产党领导下的公立大学是为工人阶级服务的新型大学。公立大学应以马克思列宁主义、毛泽东思想为指导，引导大学生树立科学的、正确的人生观。在国民党统治时期，公立大学里充斥着唯心论、机械论和封建的、买办的、法西斯主义的反动思想，"今日中国的文化教育还是大部分存在着封建的买办的残余基调"[①]。这些对青年大学生成长极其不利，尤其是错误的世界观直接影响大学生的思想和行为方式。新中国成立后，加强青年大学生革命思想教育显得尤为重要，主要的是"给青年知识分子和旧知识分子以革命的政治教育"[②]，从而保证其能适应新中国建设工作的需要。因此在公立大学中首先设立政治理论课程，确保公立大学的学生有正确的政治立场和良好的政治素养。

党和政府在接管和改造旧学校的同时，取消了国民党的反动课程，借鉴解放区开展政治课的经验，着力开设新民主主义的政治理论课程。1949年至1952年是新中国国民经济恢复时期，在新民主主义革命未完成的历史时期，开展革命的政治理论课是顺应当时社会发展需要的。1949年10月12日，华北高等教育委员会颁布了《各大学专科学校文法学院各课程暂行规定》，提出文学院法学院的公共必修课程主要包括"辩证唯物论与历史唯物主义（包括社会发展简史）（第一学期学完，每周三小时）"[③] 以及新民主主义论、政治经济学等课程，初步确立政治理论课程作为高校公共必修课程。中央政府还特别注重在政治理论课程建设过程中加强学生政治思想教育。1950年7月24日，教育部在北京召开了全国高等学校政治课教学讨论会，讨论政治思想教育中的问题及教学方法上的教条主义倾向，提出"克服有意拖延不愿改造的思想，同时要着重防止方法粗暴急于求成的偏向"[④]，要依据学生的觉悟程

---

① 徐特立：《科学化民族化大众化的文化教育》，《新建设》1949年第8期。

② 《中国人民政治协商会议共同纲领（摘录）》，上海市高等教育局研究室等：《中华人民共和国建国以来高等教育重要文献选编》（上册），出版社不详1979年版，第2页。

③ 《华北高等教育委员会颁布 各大学专科学校文法学院各系课程暂行规定》，《人民日报》1949年10月12日，第2版。

④ 金铁宽：《中华人民共和国教育大事记》（1），山东教育出版社1995年版，第41页。

度逐步提升。教育部还专门成立教学委员会或者教研组等来加强政治理论课的建设和对学生思想改造的指导。

在此基础上，为了加强和提高公立大学学生的系统理论教育，根据新中国成立初期的政治任务要求，教育部于 1952 年提出"各类型高等学校及专修科（一年的专修科除外）准备自 1953 年度起开设'马列主义基础'，学习时数与'政治经济学'相同"①。这样，无论是综合性的，还是专科类型的公立大学的学生在学好专业课程的基础上，同等地接受马列主义、毛泽东思想的指导，为培养具有高度政治觉悟的新中国大学生奠定思想基础。随着实践的发展，政治理论课的建设更加系统和完善。1953 年 6 月 17 日，高等教育部通知，自 1953 年起将各高等学校一年级开设的《新民主主义革命》课程改为《中国革命史》课程，使学生"认识中国政治的发展规律，了解中国革命的基本问题"② 等，进而增强爱国主义教育和提高思想和政治水平，至此基本确立了公立大学的政治理论课程体系。通过设立政治理论课程和时事政策教育，以及指导学生参加各种形式的社会改革运动，使学生在理论和实践学习中，对中国共产党和新生的人民政权有了更清晰的认识，学生们的思想意识显著提升，逐步确立起为人民服务和为国家建设需要而努力学习的正确态度。

1954 年，高等教育部提出新的指示，要求高等学校加强学生对社会主义的了解，进一步强化马克思列宁主义思想的学习，不断提高学生的政治觉悟，使"他们建立社会主义方向和辩证唯物论世界观的基础，并培育共产主义道德"③。由此表明，随着新中国经济社会的发展和我国社会主义制度的发展，中央人民政府和高等学校对学生思想政治教育工作的指导思想也开始由新民主主义向社会主义思想转变。改造旧教育主要的是清除学生思想中的落后腐朽内容，树立全心全意为人民服务的观点。进入社会主义过渡时期，高校主要是培养学生共产主义的道德品质，特别是实现高等教育的社会主义方向和社会主义过渡时期的德育目标。至此，学生们通过政治理论课的学习收效良好，旧思想在学生的头脑中涤荡一新，并在各种社会实践的活动中获得历练和提升。他们的思想觉悟有了很大提升，为祖国和人民服务的意识显著增强。这一时期的毕业生在分配工作时都表现出较高的政治素养和觉悟。毕业同学都愉快地服从政府统一分配，并在各自工作岗位积极工作。

二、开展学生思想政治教育工作

新中国成立后，经过思想改造学习，师生的思想认识有了显著的进步。在这种

---

① 《关于全国高等学校马克思、列宁主义、毛泽东思想课程的指示》，上海市高等教育局研究室等：《中华人民共和国建国以来高等教育重要文献选编》（上册），出版社不详 1979 年版，第 27 页。

② 中央人民政府高等教育部办公厅：《高等教育文献法令汇编第 1 辑》（1953 年 1 至 12 月），1954 年版，第 128 页。

③ 董纯才：《为培养社会主义全面发展的成员而努力》，《人民教育》1954 年第 8 期。

情况下，需要进一步在公立大学中建立完善的政治制度，加强马克思列宁主义教育和建设工作。为此，党和政府选派了大批优秀的党、团干部补充到公立大学里，充实公立大学的学校领导成员，建立校委会，实现民主管理，并依据老革命根据地的经验逐步建立起学生思想政治教育工作体系，加强对学生的思想改造和领导工作。

（一）建立政治理论课教师队伍

建立一支高水平的政治理论课教师队伍是一个重要的工作环节，国家十分重视政治理论课教师队伍数量和质量的提升。政治理论课程的设立并逐步走上正轨，为学校在学生中建立系统的马克思列宁主义理论教育打下了良好的基础。特别是全国高校结合"三反"运动的思想改造和组织清理，肃清了封建的、买办的、法西斯的反动思想，批判了资产阶级腐朽落后的思想，之后需要确立工人阶级思想的领导地位，进而实现马克思列宁主义的思想建设。政治理论课教师在实现马克思列宁主义思想的教学中发挥着重要作用。为此，1952年9月，中央专门颁发了《关于培养高等、中等学校马克思列宁主义理论师资的指示》，逐步增加政治理论课教师的数量，通过培训提升师资教学水平。除中国人民大学开设专门班级，为全国各高等学校培养部分政治理论课教师外，《指示》还提出要通过多种多样的途径提高政治理论课教师的教学能力和水平，"大力动员党委、政府、群众团体中政治理论水平较高的干部到学校兼课，或设专题讲座，帮助政治理论教师备课"[①]。经过马列主义理论的培训，一批优秀毕业生分配到高校从事政治理论课教学工作，师资人数不断扩大。

另一方面思想政治理论课教师是中国共产党理论政策的宣讲者，他们必须有正确的政治立场和价值观。因此，高校应逐步增加政治理论课教师党员人数，提升教师的政治觉悟。"中共要通过这些教员，扩大在青年学生中的影响，以培养潜在的信仰群体。"[②] 这为青年大学生成长为党员奠定了思想基础。为保证政治理论课教师的党性和理论水平，以高度的责任感和专业素质投身于政治理论课教学中，《指示》还提出从"高等学校助教和高等、中等学校高年级学生中选拔优秀的党员、团员在本校担任政治理论课程的助教或助理"[③]，成为思想政治理论课的后备力量。随着政治理论课教师队伍的成长和壮大，政治理论课教师中党团员人数的比重得到不断提升。以政治理论课教师队伍培养较好的北京为例，1953年时，"除人大外，十七个高等学校的240个政治教员中群众39人，占6%，其中讲课者只13人。所以，讲课教员基本上是党团员"[④]，从根本上改变了过去非专业教师滥竽充数的状况。总体而言，新中国成立初期，政治理论课教师队伍的建立有助于其在学生思想政治教育工

---

① 《建国以来重要文献选编》第3册，中国文献出版社2011年版，第281页。
② 周良书：《1949—1956年：中共在高校中的建设》，《党史研究与教学》2009年第2期。
③ 《建国以来重要文献选编》第3册，中国文献出版社2011年版，第280页。
④ 《高校党委关于高校、中专政治课情况的报告》，北京市档案馆，档案号：001-022-00032。

作中发挥重要的作用。

（二）各校建立党、团组织工作

高等学校是专门从事培养人才的重要场所，加强党对学校的领导，确立学校党、团组织的核心地位极其重要。新中国成立后，公立大学随即公开了中国共产党的组织，先后建立起党委开展党建工作。公立大学中逐步形成思想政治教育工作的完整体系：即党委统一领导，主管学生工作的党委副书记具体负责，学校党政齐抓共管的局面，同时通过政治理论课这一主渠道，实现青年团组织、教工会和学生会共同配合的工作模式。为进一步强化公立大学党、团组织，保证高校政治力量的加强，为确保高等学校能应对复杂形势的需要，中央要求"各省、市委应在一九五六年三月底以前为所属省、市各高等学校配齐党委（或支部）书记及人事处长等政治工作的领导骨干"①，并对其他政治工作干部的任职条件等问题做明确规定，进而增强公立大学的政治力量，提高高等学校的政治工作水平，保证学生思想政治教育工作的顺利开展。

为加强对公立大学学生思想政治教育工作，同一时期，公立大学也展开了青年团的建设工作。1949 年 4 月 12 日，中国新民主主义青年团正式成立，其中心责任就是指导青年团员学习和传播马克思列宁主义思想，使青年团员在增长知识的同时，培养革命的人生观和世界观，成为具有丰富知识和技能的新中国建设者。同时，青年团十分注重学校团的建设工作，并对新解放城市的学校建团工作做出部署和规划。团中央也多次推动高等学校建团的工作。随后，大部分公立大学都建立了团的基层委员会。学校团的组织在加强学生思想教育工作方面发挥了重要作用，团组织"教育团员与同学努力学好政治课，关心时事，检查并反映团员学习政治课与读报的情况，以及运用文艺阅读、电影等多种多样的方式进行思想教育"②。一些公立大学的团组织还通过重点帮助个别支部的方式，了解青年学生的特点，切合实际地开展思想教育工作，积累了丰富的经验。团组织的建立和不断发展，促使公立大学团员人数也在进一步扩大。

（三）建立专门从事思想政治教育的政治辅导工作

建立专门从事思想政治教育的政治辅导工作，对提升学生思想政治教育有着重要意义。随着国家经济建设的发展要求，培养人才的需求不仅体现在专业技术上，还要求具有较高的政治思想觉悟。为此，教育部多次强调加强公立大学的思想政治教育工作。因此，高校思想政治教育面临着新的挑战："一方面，清除当时青年学

---

① 《中共中央文件选集（1949 年 10 月—1966 年 5 月）》第 20 册（1955 年 11 月—12 月），人民出版社 2013 年版，第 435 页。

② 《团市委大学部关于高等学校团的工作计划、报告、总结》，北京市档案馆，档案号：100-001-00137。

生头脑中封建的、买办的、法西斯主义的思想，需要开展强有力的思想政治教育；另一方面，服务于人民，服务于社会主义建设的思想也需要通过思想政治教育从外部灌输到知识青年的头脑中去。"[1] 为此，除加强政治理论课程的学习外，高校需设立专门从事思想政治教育的工作机构。1952 年 10 月发布的《关于在高等学校有重点地试行政治工作制度的指示》提出有准备地设立高等学校的政治工作机构，名称为"政治辅导处"。其主要工作负责教职工的政治理论学习和师生的思想政治指导工作。政治辅导处有一定数量的辅导员，承担辅导学生政治学习和社会活动的工作，并逐步成为政治课教员以加强学校的政治思想领导工作。1954 年，中宣部决定撤销政治辅导处。时至今日，辅导员在高校学生思想政治教育中发挥了重要的作用。辅导员"是社会先进思想和青年学生之间的中介环节；作为被教育者，他们在教育他人的过程中实现自我锻炼和自我发展"[2]，也在推动高校思想政治工作，培养全面发展人才方面发挥了重要作用。

全国高校思想政治工作是在党中央及其直属机构中央宣传部统一领导下进行的，各地方党委根据中央的方针政策，具体领导学校的思想政治教育工作。教育部和地方教育领导部门协助中宣部和各地党委宣传部、文教部共同做好高校的思想政治工作。而各高校的思想政治工作是在校党委的领导下由其直属党委机构党委宣传部领导具体工作。1949 年至 1956 年的八年时间里，各公立大学基本建立起了包括政治理论课教师，党团组织的工作人员以及政治辅导员和班主任在内的公立大学思想政治理论工作队伍，并健全了公立大学思想政治教育工作的制度体系，保证学生思想政治工作的顺利开展。

三、开展公立大学教师的思想改造

公立大学教师的思想改造运动是改造的基础和前提。新中国成立后，在中国共产党的领导下，通过对公立大学的接收工作，高等学校的师生继承和发扬了革命时期的优良传统，推动了高等学校的进步，使得高等教育的改革取得了一些良好的成绩。新中国成立之初，在我国公立大学中大多数教师是爱国的，很多人对革命是同情的；在党的领导下人民成了国家的主人，旧有腐朽落后的统治被推翻，他们也因此感到骄傲和自豪。在对国民党旧公立大学进行接收之后，全国高校的面貌有了很大改观，大部分教师在政治思想上有了很大进步，积极投身到教学中。由于国民党统治时期旧有思想的长期存在，也导致高校教师队伍中充斥着资产阶级腐朽思想和反动思想，直接危害了高等教育事业的发展。同时仍有一部分教师有着浓厚的崇美

---

① 周良书：《中国高校辅导员工作史论》，人民出版社 2016 年版，第 68 页。
② 周良书：《中国高校辅导员工作史论》，人民出版社 2016 年版，第 88 页。

思想，对欧美思想盲目崇拜，不愿意接受和学习苏联的教育经验。这些老师在教学方法和教学内容上，存在着很大的思想认识差异性。特别是一些教师，不能从改革的大局出发，存在着严重的个人主义、自由主义思想，不能使得个人利益服从人民和国家建设的整体利益，给改革造成了巨大阻碍。马克思曾指出："教育者本身必需受教育。"因此对高等学校的教师进行思想改造是十分有必要的。

在一段时间内就扫清这些思想上的障碍是不现实的。周恩来总理也曾客观指出："思想改造是长期的。我们每个人都受过旧思想的影响，脑子里多多少少存在着封建的、资产阶级的思想"①，因此在改造旧教育的过程中，旧思想的改造同等重要，其艰巨性也不容忽视。苏联高等教育改革的成功，为我们国家的高等教育改革提供了可资借鉴的经验。学习苏联高等教育改革经验，有助于我们更好地实现新型人民高等教育的发展。在旧有高等学校的教师队伍中，不乏大批优秀的，献身于教育事业的人士。对于绝大多数教师来说，中国共产党采取的是有计划有步骤、谨慎吸收和改造的方针。1950年10月，中央人民政府教育部在颁布的《关于加强对学校政治思想教育的领导的指示》中特别提出，对旧有高等教师的改造"不管其家庭出身怎样，均应本争取、团结、改造的政策，通过教育说服的方式，积极鼓励其前进，切勿以斗争、孤立、强迫反省，或单纯清洗的办法来处理"②。而教育说服的方式最重要的是加强其政治理论的学习，促使其树立正确价值观念。

（一）加强高等学校教师政治理论学习

思想改造学习的首要任务就是使广大教师抛弃旧有反动的或错误的阶级立场，确立为人民服务的观点。新中国成立之后，全国公立大学的教师们系统地学习了马克思列宁主义理论，随后在实践中经历了抗美援朝、土地改革和镇压反革命等运动后，教师们的政治思想已经有了很大提高。在此基础上，广大教师深刻地认识到新中国高等教育的本质属性，为进行教育教学改革做了初步的思想准备工作，但不少老教师在思想和行为方面还残存有欧美资产阶级的思想意识，这成为阻碍高等教育改造的主要问题。"改造老教师思想的根本办法是认真地组织他们学习马克思列宁主义。要帮助老教师真正认识理论学习是一种艰苦的精神劳动，没有持续的苦功，是不可能学到什么东西的。"③因此，加强教师的思想改造和理论学习工作是十分必要的，通过政治理论的学习可以彻底批判这些错误的思想作风，建立起革命的立场和观点，对于高等教育的改造意义重大。从1951年秋天到1952年秋的一年多时间里，高等学校教师和学生还包括中小学教师开展了一次较为广泛的思想改造学习运

---

① 周恩来：《周恩来教育文选》，教育科学出版社1984年版，第55—56页。
② 《建国以来重要文献选编》第1册，中国文献出版社2011年版，第368页。
③ 上海市高等教育局研究室等：《中华人民共和国建国以来高等教育重要文献选编》（上册），出版社不详1979年版，第71页。

动。学习的主要内容和目的是：学习马列主义、毛泽东思想，进一步肃清封建的、买办的、法西斯主义思想，批评资产阶级的一些错误思想，采用批评与自我批评的方式提升认识，树立为人民服务的思想，也为进一步改革高等学校作了必要的思想准备。在高等学校教师中，学习运动开展得比较好的地区是京津地区。1951 年 9 月，教育部组织京津地区高等学校教师学习委员会展开两地区全体高等学校教师的政治学习运动。京津两地区的思想改造工作良好的做法，值得深入推广。学习的重点在于听报告，学习文件和组织讨论。报告的内容由教育部有计划地组织，中央有关负责同志亲自主讲。他们将思想改造学习运动分为五个阶段，通过思想动员、研究文件、学习马列主义的基本观点、讨论高等教育改革问题以及总结五个阶段，全面深入地进行思想改造。各公立大学非常重视这次学习改造运动，清华大学校务会还专门规定："教师学习是这学期全校的首要任务，为了保证教师学习时间，必要时各系可以适当精简课程，教研室的工作和计划也可适当修改。"① 这样就克服了教师们时间分配不均的困难，保证了思想改造工作的顺利开展。10 月，中国人民政治协商会议第一届全国委员会第三次会议，把思想改造运动确定为今后一段时间内全国的三大中心工作之一，可见中央政府对思想改造的重视程度，随后，全国开展了全面的教师思想改造运动。为统一领导京、津两地的学习运动，国家还成立了京津高等学校教师学习委员会，教师思想改造"到十一月中旬，这个学习运动已经有了初步的成绩。参加学习的教师已从三千多人增加到六千一百八十八人"②。老师们在分享交流经验中提道：主要的是领导重视推动开展学习工作，同时"抓住重点、培植典型、及时推广经验"③，在交流中改进学习方法。其中最重要的就是开展批评与自我批评的学习方法。北京天津高等学校教师学习委员会第一次会议的决议特别强调："防止零星琐碎的技术批评。应实行有原则性的批评，才能提高自己帮助别人。"④ 该学习委员会还办有自己的学习报，用以学习和交流经验。通过集体讨论的方式，希望达到"明确为工人阶级服务的立场和态度，抛弃个人主义，自由主义以及欧美资产阶级的文化教育观点，确立改造自己的决心，以便进而有系统地学习马克思主义，并逐渐成为一个马克思主义者"⑤。这是新中国高等教育中一件非常有意义的事情，高校教师只有达到立场和认识的一致性，才能发挥其革命的精神，把高等学校建设好，培养更多建设干部。

---

① 《京津高等学校教师思想改造学习运动逐步深入各校教师学习第一阶段大致结束　此次学习运动全部过程共分为五个阶段》，《人民日报》1951 年 12 月 5 日，第 1 版。

② 《京、津高等学校教师进行思想改造学习》，《新建设》1951 年第 5 卷第 3 期。

③ 《中共中央文件选集（1949 年 10 月—1966 年 5 月）》第 7 册（1951 年 9 月—12 月），人民出版社 2013 年版，第 234 页。

④ 《京津两市高等学校教师开展学习运动改造思想》，《人民教育》1951 年第 11 期。

⑤ 《开展高等学校教师中的思想改造学习运动》，《人民教育》1951 年第 11 期。

1951 年 11 月 30 日，中共中央发出《关于在学校进行思想改造和组织清理工作的指示》，要求开始有计划有步骤地在一至两年时间内，对大学的教职员和高中以上的学生进行普遍的初步思想改造工作，培养干部和积极分子。在学习京津地区思想改造的经验基础上，全国各地公立大学陆续开展了思想改造的学习运动，并收到了良好的学习效果。马克思列宁主义的学习，对于提升高等学校教师正确的人生观和世界观具有重要的意义。1953 年 7 月，中共中央颁布《关于全国高等学校教师政治理论学习的指示》中指出："全国高等学校教师的理论学习，需要建立经常的学习制度，"① 并规定教师自愿学习的课程。因此，不少公立大学积极组织教师学习马克思列宁主义理论，以及毛泽东的《实践论》《矛盾论》等著作，并运用辩证唯物论和历史唯物主义来进行深入钻研。为保证京津各高等学校教师系统地学习马克思列宁主义、毛泽东思想，特别要求各公立大学加强这些内容的学习。北京大学特别重视教师的政治理论课程学习，在 1953 年确定的本年度学习计划中提出："继续加强系统的政治理论学习。教师本学年度在《实践论》《矛盾论》学习的基础上，开始《中国革命史》的学习。学习方法以自学为主，辅之报告和讨论，每周学习三小时。学生按照教学计划规定开设政治理论课，职员专门开班系统讲授《中国现代革命史》，每周四小时（自学与讲授各半），学习期限为一年半。"② 在学习的过程中，教师的思想水平有了很大提高，进一步加强了其教学的科学性和思想性，也使得教师们逐步克服了资产阶级教育思想的影响，树立马克思列宁主义的立场、观点、方法，进而在业务上采取多种组织形式和方法，加强了学校教学研究的工作。通过这一系列的学习，教师的思想水平有了很大提高。"高等学校教师由于批判了脱离实际，盲目崇拜欧美等错误的教学观点，明确认识了为祖国培养高级建设人才的重大责任，进而联系到个人业务，增加了教学的热情和责任感，着手改进教学内容与方法。"③ 进一步保证了教学工作的顺利展开。

（二）强化教师参加社会实践

在对教师进行思想改造的过程中，教育部还指导教师参加社会革命和生产实践，在实践中锻炼自己，与当时全国范围内开展的抗美援朝、土地改革、镇压反革命三大运动和国民经济恢复和发展的客观形势紧密结合起来。1950 年，在迅速恢复和发展国民经济的关键时期，美帝国主义却悍然出兵朝鲜，把战火烧到了鸭绿江边，从而妄图进一步阻止中国人民解放台湾。1950 年 10 月 8 日，党中央做出了抗美援朝保家卫国的重要战略决策，进而在全国上下开展抗美援朝的宣传教育活动。1950 年

---

① 《中共中央文件选集（1949 年 10 月—1966 年 5 月）》第 13 册（1953 年 7 月—9 月），人民出版社 2013 年版，第 1 页。

② 王学珍：《北京大学纪事》（1898—1997）上册，北京大学出版社 1998 年版，第 473–474 页。

③ 曾昭抡：《三年来高等教育的改进》，《人民教育》1953 年第 1 期。

6月，中央人民政府颁布《中华人民共和国土地法》，从当年冬天新解放区就开始了轰轰烈烈的土地改革运动。高校教师属于知识分子群体，他们中有很多出身于剥削阶级家庭，要让他们拥护中国共产党的土地政策，就需要进行思想上的自我教育和改造。1950年10月，中共中央发布《关于镇压反革命活动的指示》，坚决镇压罪大恶极的反革命首要分子。12月底，党又在全国范围内开展了一场镇压反革命的运动，将国民党反动派在大陆的残余势力彻底清除干净，社会秩序得以保持安定，对知识分子是一次深刻的思想教育。

党中央领导的这些重要运动，不仅有力地维护了社会稳定，推动了新中国政治体制的改革，同时也是高校教师进行革命实践的重要方式。在这些社会运动中，中国共产党组织知识分子参加了革命实践运动，高等学校教师也积极响应党的号召，开展实践。从1950年2月开始，全国各地的高校师生都纷纷通过寒假开展土改的学习和宣传活动，准备下乡的工作。"北京清华大学文法学院师生二百九十二人于二十七日起参加京市市郊的土地改革工作，作为社会学系的寒假实习，教授冯友兰、吴泽霖、雷海宗等都参加这个实习。他们在学期考试以后即进行下乡的准备工作，学习了土地改革的理论和政策。"① 与此同时，上海、武汉、重庆、天津都纷纷开展土地改革的学习和宣传活动，积极通过多种宣传形式让人们了解《土地法》和土改政策，为土改的实践工作做好思想上准备。随后，大批高校教师相继参加了抗美援朝、土地改革、镇压反革命三大运动。在革命的实践斗争中，高校教师转变了思想，使自身的觉悟有了很大的提高。在参加抗美援朝运动的同时，大批高校教师深入土地改革工作的第一线，进行参观和学习。北京大学和清华大学等高校的800多名教师根据教育部的相关指示，分别到华东、中南和西北各地参加为期半年的土地改革运动。"各校学生和教授分别组织工作队或工作小组，由各区工作委员会分配到京郊八个区的六十五个工作组中，在一百多个行政村进行工作。在两个多月的工作中，他们参加了各区的群众大会、农民代表会、控诉大会等集会，并进行发动群众、划分阶级、分果实、调剂土地、颁发土地使用证等项实际工作以及其他文化娱乐活动。"② 在实际工作中，广大教师深入了解土改政策，并在农民的实际生活中认识到地主对农民阶级的残酷剥削，看到农民翻身后，改变了自己的观点和立场，对党的正确方针政策有了全面深入的了解，思想观念也随之逐步更新。周恩来总理曾提出"知识分子的改造也要经过锻炼，经过学习，经过实践。知识分子到工厂去，到农

① 《提高政治认识改造思想　全国各地学校师生　纷纷展开寒假学习》，《人民日报》1950年2月4日，第3版。
② 《首都大学师生八百人　寒假参加郊区土改　思想认识显著提高》，《人民日报》1950年4月2日，第4版。

村去，就是要学习工人阶级、劳动人民的思想和立场"①。参加土地改革，是广大知识分子在新中国成立后参加的第一次大规模的社会实践活动。在这次活动中，他们的思想和心灵都受到了极大震撼。他们深入到农民群众生活中，体会农民生活的艰辛与不易，从而改造自己的思想认识。清华大学吴景超教授联系自身的职业感悟到："教书及研究工作的人，应当争取一切的机会，参加群众运动，从群众运动中教育自己，提高自己的思想，锻炼自己的感情。"② 清华大学的徐毓枏教授也感受到了农民的真情实意："在这三十五天之内，我自己觉得我自己起了三种变化，第一、初步建立了阶级观点，第二、意识到实践之重要，第三、开始对农民阶级有了感情。……我和另一位同仁住在一个农民家里，……我们住在他家期间，他非常关心我们的生活。虽然我们被褥带得不少，可是他怕我们着冷，用他存量不多的稻草，替我们烧睡炕；他们自己是不特意喝水的，只在饭前饭后，乘烧饭之便，喝一口水或一碗米汤，可是对待我们，却常常问我们要不要喝水，常常为我们特意费柴煮水……"③ 农民的朴实与热情深深地打动了他们。过去的知识分子容易忽视社会实践，缺乏对农民的真情实感，亦对党的土地政策没有深入的了解。通过这些社会实践活动，高校教师们进一步树立了为人民服务的思想，对党的方针和政策也有了更加全面深入的了解。他们的文章在广大知识分子中间引起了强烈反响，进一步推动了高校教师的自我教育和自我改造运动。

思想改造工作的顺利推行，也为后续全国大规模的院系调整工作的展开奠定了思想基础。思想改造与院系调整有着密不可分的关系，应该客观指出的是"教师的思想改造，并不是单纯是为着进行院系调整。即在教育范围以内，院系调整，也不过是高等教育彻底改革的开端。今后一切教育改革，具有在思想提高的基础上，方能比较迅速顺利地推行；而这样加速的改革，却正是大量培养干部与提高他们的质量所需的"④。因此，加强教师的思想改造工作不仅在一定程度上推动了教师思想认识的提升，也进一步扫清了思想障碍。面对院系调整中大量涉及教师本人工作调整问题时，他们的思想认识都有了很大提升，积极服从组织的安排。

到 1952 年，全国进行思想改造的高校已接近总数的一大部分，参加学习的教师、职员和学生都占其绝大多数。接受改造的师生人数所占比重的提升，证明了师生对思想改造工作是认同的，学校中封建的、买办的、法西斯主义的反动思想受到严重的打击，腐朽的资产阶级思想受到严格的批判；全体教师的政治觉悟大大提高了一步，也在高等学校中初步确立了工人阶级思想的领导地位。随着社会主义改造

---

① 周恩来：《周恩来教育文选》，教育科学出版社 1984 年版，第 47 页。
② 吴景超：《参加土地改革工作的心得》，《人民日报》1951 年 4 月 1 日，第 3 版。
③ 徐毓枏：《参观土地改革的一些体验》，《人民日报》，1951 年 4 月 3 日，第 3 版。
④ 曾昭抡：《院系调整与思想改造》，《新建设》1952 年 9 月号。

的完成，旧的高等教育已经改造成为社会主义的高等教育。1956 年 1 月，周恩来同志在《关于知识分子问题的报告》中指出：随着绝大部分的知识分子已经成为国家的工作人员，是以为人民服务为理念的工人阶级的一部分。随着旧知识分子的改造基本完成，公立大学的教师思想改造工作也基本上顺利完成，公立大学的教师通过思想改造、学习，其思想认识在整体上有了提升，为今后进行全面院系调整和教学方面的改革打下了思想基础。

第三节　公立大学制度的改革

中国共产党完成了对公立大学接收工作后，主要对旧教育制度进行改造，建设人民的新型教育制度。这是新中国的教育"必须为广大劳动人民服务，必须适应我们国家社会主义改造和社会主义建设的需要。因此，我们就有必要对接收过来的旧教育作根本性质的改革"①。在新的政权领导下，建立、健全科学合理、新型的高校领导体制，才能保证公立大学的健康发展。新中国成立以来，高等教育工作在培养祖国建设干部的工作中，发挥了重要作用。不可否认的是，这种发展的成效比起社会建设来说还远远不够。特别是即将到来的祖国建设高潮，对干部的需求量远超过了高等学校的供给量，以目前高等学校的组织机构、教育方法与内容来看，都远不能胜任这一重要的任务。要在短期内培养大量的干部，最重要的就是在学校组织上加以调整，实现人力物力财力有效的整合，实现公立大学的彻底改造。改革围绕行政体制、教育教学等方面展开，重点解决公立大学的领导权问题，逐步实现党对高校的统一和集中的领导，并通过学习苏联经验，调整高等学校的院系结构，确立新中国高等教育制度的基本框架，以适应经济社会发展的需要。

一、公立大学的行政改革

旧的高等教育存在着各立门户，各自为政的无政府状态。特别是由政府拨付经费进行管理的公立大学，这种无政府状态必然导致公立大学各项行政工作的烦琐混乱，不利于学校工作的开展。新中国成立后，为实现国家集中精力恢复和发展生产的要求，中央政府收回了公立大学的管理权，并对其进行集中统一的领导。其目标是使公立大学迅速有效地恢复教学工作，简化行政手续，集中精力发展教育事业，保证各项工作的顺利展开。

057

---

① 周恩来：《周恩来教育文选》，教育科学出版社 1984 年版，第 151 页。

（一）实现全国高等学校集中统一领导

在顺利完成接收工作后，中央政府根据统一的教育方针，有计划地布置和安排，实现对全国公立高等学校的行政体制改革工作，收回中央对高等学校的领导权力，并对公立大学内部的行政体制进行改革。中央政府明确了各大行政区高等学校暂由各大区教育部或高教部代表中央人民政府教育部领导，同时对高等院校的校、院长任免作出了明确的规定。紧接着，在第一次全国高等教育会议上，教育部部长马叙伦特别强调了高校领导权的问题，要求逐步实现对高校的统一和集中的领导，明确了中央人民政府对公立大学的具体领导范围和职责。1950 年 7 月 28 日，政务院第 43 次政务会议通过了《政务院关于高等学校领导关系问题的决定》，此《决定》中规定了教育部对高等学校大学校长、专门学院院长以及专科学校校长的任免等具体管理事项，从而以政府文件的形式确立了新中国高等教育中央统一管理的性质。因为当时主客观条件的不足，各大行政区的高等学校暂时委托给各大行政区的教育部门或者文教委员会领导，随着高等教育改革的不断完善和发展，中央将逐步实现对全国高等学校的直接管理。

随着公立大学改革发展的实践要求，特别是在 1952 年院系调整后，我国公立大学的院系结构发生了很大的变化。如前所述，1952 年 11 月，高等教育部成立后，专门开展高等学校的统一与集中管理工作。为利于高等学校的建设发展，并确保改革结合教学实际，教育部在对公立大学进行管理的过程中，还应按照高等教育部与中央有关业务部门分工的原则，综合性大学由高等教育部直接管理。随着院系调整的深入展开，多科性和单科性高等学校有了更加明确的归属范围。总体而言，高等学校应尽量集中领导，归中央管。至此，高等教育部专门负责高等学校的集中统一领导，加强改革和整顿工作。但是，高等教育部是个历史的概念，是为加强对全国高等教育工作的统一管理，以及教育发展的形势而设立的。随着教育部改革和发展的需要，1966 年，该行政机构与教育部合并。

（二）高等学校实行校（院）长负责制

在实现教育部对高等学校进行集中统一管理的同时，高等学校内部同样进行了行政体制的改革，进一步明确了校（院）长负责制的组织架构，保证行政组织工作的顺利开展。"大学及专门学院采校（院）长负责制；大学设校长一人，专门学院设院长一人。"① 这明确了校（院）长代表学校并领导教学和行政的各项事宜。在 1952 年院系调整后，党组织和行政部门间相互配合，保证教学工作的顺利展开。在对公立大学行政体制不断改革和完善的基础上，这更加明确了高等学校的领导关系，

---

① 《高等学校暂行规程》，何东昌主编：《中华人民共和国重要教育文献（1949—1975）》，海南出版社 1998 年版，第 45 页。

以及高等学校的校、院长负责制，进而在公立大学的行政管理体制中，更进一步地体现了新中国成立高等学校集中统一领导模式。

时至今日，人们在评价这一举措时，认为集中领导容易导致管得过死，缺乏地方的主动性，但在当时历史条件下，这样做有其特殊的原因和情况。1952 年，周恩来总理在政务院第一百五十六次政务会议上谈道："今后五年内，国家需要五十多万高等学校毕业生，如果不集中领导，高等教育就不能适应国家建设的需要，这对国家就是极大的损失。"① 因此，这种高度集中的管理体制是当时历史背景下的选择，1956 年之后，高等教育管理高度集中的模式也有所改变。实践证明，这种领导体制在当时对稳定学校、迅速恢复正常的教学秩序，发扬民主和进步，反对落后，推动高等学校的调整和改造，起到了积极的作用和良好的效果。

二、公立大学的院系调整

新中国成立初期的院系调整工作是中国共产党对旧有高等教育接收和改造的重要环节。院系调整"是指对高等学校进行大规模的调整，通过调整确立中国高等教育制度的基本框架"②，特别是 1952 年成为新中国发展进程中一个具有里程碑意义的重要节点。在当时，涉及全国四分之三的高等学校都进行了院系调整工作。从1949 年到 1952 年的三年时间里，新中国基本完成了土地改革和其他各项民主改革的任务，迅速恢复了因战争而严重破坏的国民经济。新中国开始进入向社会主义转变的过渡时期，中央人民政府决定从 1953 年开始实行第一个五年计划，进行大规模经济建设。为适应形势发展变化的需要，国家明确了"教育工作的重点是高等教育，中心是培养人才，特别是培养高、中级技术人才"。因此，在中央人民政府政务院的直接领导下，1952 年开始了高等学校的院系调整工作。在这场公立大学的接收和改造的过程中，院系调整是其中的重要环节。如前所述，院系调整工作从小范围试点到全国大范围的展开，涉及的内容是多方面的，最主要的指导思想来源于1950 年 6 月的第一次全国高等教育会议，时任教育部部长马叙伦指出："我们要逐步实现统一和集中的领导。"③ 具体而言，中央人民政府教育部对全国公立的高等学校，在方针和制度、负责人任免、课程教材及教学方法等方面，都应该负有领导的责任。教育部要在统一的方针下，在必要和可能的情况下，根据国家建设的需要，初步调整高等学校的院系。对公立大学的性质来说，集中统一的领导更有利于其发展。对于新生的政权而言，高校院系调整的初衷，是通过高校的集中统一领导的制度体系来为国家建设提供人才资源。

---

① 中共中央文献研究室编：《周恩来文化文选》，中央文献出版社 1998 年版，第 58 页。
② ［日］大塚丰著，黄福涛译：《现代中国高等教育的形成》，北京师范大学出版社 1998 年版，第 8 页。
③ 马叙伦：《第一次全国高等教育会议开幕词》，《人民教育》1950 年第 3 期。

（一）公立大学院系调整的总方针

新中国成立初期的院系调整工作，是新中国高等教育建设的重要事件，是新型人民的高等教育迈出的重要步骤。党中央高度重视高等院校的院系调整工作，依据《共同纲领》的基本要求，结合实际制定出院系调整的方针，指导院系调整工作的顺利开展。院系调整的总方针是以专才教育模式代替欧美的通才教育，"以培养工业建设人才和师资为重点，发展专门学院与专科学校，整顿和加强综合性大学"①等。随着我国大规模经济建设的需要，党中央强调专门人才的培养，同时强调综合性大学主要的是培养科学研究人才和中等学校、高等学校的师资。进而彻底改变旧有高等学校一般化和盲目设校的不合理局面。

（二）以培养工业建设人才和师资为重点，发展专门学院

旧有的高等学校是半殖民地半封建社会的产物，是迎合帝国主义和旧有反动统治阶级的需要而产生的，这类高校在院系的分布和设置、教学内容等方面都存在着严重的缺点。因此，在新的人民政权成立后，这些旧有的高等院校不能担负起为新中国建设全心全意服务，培养高级建设人才的重要使命和职责。"特别是最近几年内，师资的需要最迫急，而同国家建设部门和科学研究机关的需要矛盾也最大。"②因此，在大规模工业化建设的背景下，国家亟需培养一批高级技术人才。国家在第一个五年计划期间，要求培养出工科毕业生9万余人，相当于新中国成立前20年间毕业生总数的3倍。可事实上在当时，全国工学院无论校舍规模和学生数都无法满足工业化建设的需要，因此加强工科院校人才培养成为院系调整的侧重点。

1. 高等工业学校的院系调整的方针

培养为工农业生产和国防建设服务的自然科学人才是新中国高等教育的一个重要任务，这就为我国院系调整侧重工科院校指明了具体方向。1951年11月，中央人民政府教育部召开全国工学院院长会议，拟定1952年全国高等工业教育院系调整的方案，原则上"以华北、华东、中南三个地区的工学院为重点做适当的调整"③。这是新中国成立初期高等教育改革的一件重要工作。国家想要贯彻高等工业教育院系调整方案，为国家培养建设人才，就要"改变目前高等工业教育中师资和设备的情况，合理地使用现有的人力、物力，使它发挥最大的效用。同时，在今后五年到十年中，必须采取长期培养与短期训练相结合的方针，着重发展工业专修科与短期训练班"④。1952年，教育部进一步加强工业人才的培养和专门学院的建设等要求，

---

① 《做好院系调整工作，有效地培养国家建设干部》，《人民日报》1952年9月24日，第1版。

② 杨秀峰：《当前高等教育工作的几个主要问题》，何东昌：《中华人民共和国重要教育文献（1949—1975）》，海南出版社1998年版，第642页。

③ 《高等教育文献法令汇编》（1949—1952），高等教育部办公厅1958年版，第44页。

④ 《贯彻实现高等工业教育院系调整方案》，《人民日报》1951年11月27日，第3版。

并对我国高等学校的类型做了进一步明确的要求，从而保证学科设置的全面性。"发展专门学院"的方针主要是依据我国当时经济社会建设对人才需要进行的，当时参照苏联高等工业学校的专业目录设置了"地质、矿业、动力、冶金、机械、电机和电气仪器、无线电技术"[①] 等十几种类别和上百种专业。各校依据行业部门设置相关的专业，以培养我国社会主义工业建设所需要的各种高级工程技术人才。根据上述方针的要求，1952 年院系调整工作在全国范围内全面展开，预计在两年内基本完成。

2. 以清华大学为代表的工业院校院系调整

在工业院校院系调整过程中，最具代表性的是清华大学。清华大学原属于综合性大学，其任务在于培养多方面的建设人才。新中国成立前夕，国立清华大学包括文学院、理学院、法学院、工学院和农学院 5 个学院，共有 24 个学系。1949 年 12 月 5 日，清华大学校务委员会依据国家建设发展加强理工人才建设为主，明确了今后院系调整的侧重点和方向。清华大学很早就开始着手院系调整工作，主要的就是根据国家建设对人才的需要来调整和增设院系。1950 年，中央人民政府燃料工业部因对地质、矿冶人才的需求量上升，清华大学地质系就接受了这一重要使命，"以本校的地质学系内之地质组成立为地质学系，另在工学院成立采矿工程学系。至于原有之地学系暂为保留，其下仅设地理组"[②]。清华大学在设置新系别和专业时，充分考虑到国家建设对各方面人才的需求，并同相关事业部门相联系，密切结合实际需要而设立，同时还根据学校自身能力要求，保证所设系别既符合国家建设需要，又是自身能力所及的。"现在所决定设立的学系都是可能满足上述需要和能力结合的原则，但是否拖动，还须进一步加以检查。"[③] 因此，清华大学的专业设置以实事求是为原则，依据实际情况设立。

1952 年 6 月 25 日，京津高等学校院系调整办公室成立，主要任务是草拟专业组及专修科的设置及任务。1952 年 8 月，京津高等学校院系调整清华大学筹备委员会在第一阶段的调整中，注重将几个学校里边同类科系的教师和设备集中起来，发挥人力物力的最大效能。在第二阶段的院系调整中，这些高等学校院系确定了多个工科类系和专业及专修科的名称以及当年分配的新生人数。其中已经确定的包括：

① 《中国教育年鉴》编辑部：《中国教育年鉴》（1949—1981），中国大百科全书出版社 1984 年版，第292 页。

② 清华大学校史研究室：《清华大学史料选编·第五卷》上（解放接管与院系调整时期），清华大学出版社 2005 年版，第 459 页。

③ 清华大学校史研究室：《清华大学史料选编·第五卷》上（解放接管与院系调整时期），清华大学出版社 2005 年版，第 464 页。

"机械制造系、动力机械系、土工工程系……在内的 8 个系 22 个专业。"① 这些系别的调整和设置，有效地配合了新中国工业建设的需求。随着院系调整工作的深入开展，清华大学又相继对采矿系、化工系等做了适当调整，明确了各系的任务和人才培养计划，对教师的调入和调出进行了适当的调配，同时对全部校舍进行重新分配，调配和配置了各种教学设备。

为服务于经济建设的要求，培养适应国家建设需要的干部与专门人才，清华大学还专门设立了专修科。专修科满足了国家在短期内对大量专门人才的需求。专修科附设于大学内，学习年限一般是 1 至 3 年。课程的具体内容通常是根据本科课程进行适当削减，增加实用课程。专修科学生在结业时由教育部颁发结业证书，并由有关部委分配工作。第一批专修科由中央有关部委委托大学设立，其中包括中国人民银行委托清华大学举办的银行专修科、水利部委托清华大学举办的水利专修科。随着工业化建设的发展，国家急需大批短期培训的专门人才，教育部在《关于 1952 年暑期全国高等学校招生计划及其实施问题的指示》中对专修科的设置及招生做了相应的要求，同时要求专修科应贯彻 "短期速成与长期培养统筹兼顾而以大量举办专修科为主的方针"②。为此，清华大学根据院系调整过程中对本科专业的设置和国家工业化建设的需求，附设了多个专修科。随着实践的发展，高校也相应地认识到 "把培养技术员的任务完全交由中等技术学校及其附设的特别班担负起来"③。因此，专修科的发展只是时代发展历史性的举措，会随着国家政策的调整逐渐减少，而重点还是培养大批掌握高级技术的专门人才。

从表 3-1 可以看出，清华大学通过院系调整，增设了很多实际应用和操作性极强的工科专业，着力为国家培养从事工业化建设的工科类高端人才。截至 1952 年 11 月，北京各大学校顺利地完成院系调整工作，任务更加明确具体。清华大学的一些院系也调出清华，创立专门性的大学，例如将清华大学某些院系的一部分与其他高等学校相关的系科合并成新的大学，即 "北京航空学院、北京钢铁工业学院、北京矿业学院、北京地质学院、北京政法学院"④ 等，这促进了北京高等教育体系逐步完善。院系调整后的清华大学共设置了热力发电设备、水力动力装置、工业企业电气化等 25 个专业，组成机械制造、动力机械、土木、水利工程、建筑、电机工程、无线电工程、石油工程等 8 个系，同时还包括金工工具、水力发电机械、农田

① 清华大学校史研究室：《清华大学史料选编·第五卷》上（解放接管与院系调整时期），清华大学出版社 2005 年版，第 517—518 页。
② 《教育部关于 1952 年暑期全国高等学校招生计划及其实施问题的指示》，何东昌主编：《中华人民共和国重要教育文献 1949—1975》，海南出版社 1998 年版，第 148 页。
③ 《马叙伦关于全国高等教育的基本情况和今后方针与工作的报告》，何东昌主编：《中华人民共和国重要教育 文献 1949—1975》，海南出版社 1998 年版，第 219 页。
④ 江崇廓：《清华大学》，湖南教育出版社 1995 年版，第 31 页。

水利、水力发电厂电机等 17 个专修科。1953 年，石油工程系又调出清华大学，成立了北京石油学院。经院系调整之后，原北大、燕京、山西大学、察哈尔工业学院和清华等校工学院或工科系调整为新的清华大学，使新清华成为一所多科性工业大学。多科性高等工业学校区别于以属于单一学科领域的工程类为主的工业学校。通过院系调整，清华大学的学生人数也因此获得大量增加，能够更加致力于为国家培养更多的建设人才。

表 3-1　清华大学各系专业或专修科概况①

（1952 年 10 月 11 日）

系别	专业	专修科
动力机械系	热力发电设备、汽车	热力发电机械专修科、水力发电机械专修科、暖气通风专修科
土木系	工业民用房屋建筑、工业民用房屋建筑结构、上水道及下水道、汽车干路、工程测量	工业民用房屋建筑专修科、上水道及下水道专修科、测量专修科
水利工程系	河川水力发电站的水力技术建筑物、水力动力装置	农田水利专修科、水利专修科水文组、水力发电土木专修科
建筑系	房屋建筑学、造园	建筑设计专修科
电机工程系	电机及电器、发电厂配电网及配电系统、工业企业电气化	水力发电厂电机专修科、输配电专修科
无线电工程系	无线电工学	

与此同时，全国近四分之三的高校院系进行了调整，到 1953 年第一轮的院系调整结束，我国工业院校的发展有了显著提升。随着形势发展的需要，为在我国建立社会主义工业化的初步基础，我国首要需要的是加强以重工业为主的工业基本建设。1955 年，根据中央的相关指示，第一个五年计划的基本任务中明确提出"社会主义工业建设和社会主义改造事业，都不是轻而易举的。建设重工业需要投入长期的大量的资金，需要供给不断增长的技术力量。为了培养我国的技术力量，就必须发展高等教育、中等技术教育和科学研究事业，提高科学技术水平，学习苏联经验"②。因此，高等教育的发展应符合社会主义建设的要求，配合国民经济发展计划。高等工业学校的发展也应不断与工业建设结合起来，进而促进高等学校的院系调整工作

---

　　① 清华大学校史研究室：《清华大学史料选编·第五卷》上（解放接管与院系调整时期），清华大学出版社 2005 年版，第 536-539 页。

　　② 《中国共产党全国代表会议文件》，人民出版社 1955 年版，第 22 页。

更符合国家各方面建设的需要。20世纪50年代中期，世界科技突飞猛进，特别是原子能科技、电子科技以及火箭、自动控制等科技领域取得突破性进展。经中央批准，清华大学审时度势地建立了一批新技术专业，如"实验核物理、同位素物理、放射性稀有原色工艺学、电子学、无线电物理"①等10个专业。清华大学的院系调整工作又进一步深入展开，促进高等学校发展与工业化建设的相适应，这也对清华大学的发展产生了重大而深远的影响。

3. 以北京师范大学为代表的师范类学校院系调整

在这次调整工作中，另一个重点是"加强师范院校的建设"，培养师资人才。旧中国高等师范学校数量较少，地域分布不合理。旧中国经济科技落后，工业不发达，科技需求量小，教育投入的不足是导致高等教育文重工轻、师范缺乏的重要原因。高等师范学校不仅数量较少，而且院系设置较为混乱。特别是在国民党统治时期，高等师范学校多为国民党的派系和政客操控，教育内容腐朽落后、系科庞杂、课程紊乱。在当时，高等师范学校的系科设置多达二十五、六种，非常混乱复杂。由于培养目标的不明确，导致培养出来的学生无法胜任实际工作的需要。因此，自新中国成立以来，在工人阶级的领导下，高等师范教育在国家建设事业或国家教育事业中占有相当重要的地位。"在培养建设人才中，党和人民政府对培养人民教师是非常重视的，把这件事情放在仅次于培养工业建设人才的重要地位。一九五二和一九五三年高等学校招生，人民政府都是把高等工科学校招生放在第一位，高等师范学校放在第二位。"②高等教育为国家高等学校人才培养输入源源不断的师资力量和人才供给，国家给予其很大的投资，党和政府还派出了大批干部到高等师范学校中充实领导力量，促进我国高等教育的发展。高等师范学校的重点任务是培养中等学校师资，它是我们全部教育事业中的一个重要环节。"高等师范教育，犹如工业中的重工业、机器中的工作母机，它是国家教育建设的根本。"③高等师范教学质量的高低将直接影响到青年人才培养的好坏，它的重要性不言而喻。1950年，教育部决定开展对北京师范大学的改革工作，确定了北京师范大学的主要任务是"培养新中国中等学校的师资，其次是培养与训练教育行政干部"④。院系调整工作由此拉开帷幕。在此基础上，高等师范学校院系调整的目标就是要将国民党遗留下来的过多的教育系、科进行调整，改变系科设置的盲目性，对相同科系进行合并，实现优势资源的合理利用，为国家有效的培养师资力量提供充足的人才。

---

① 江崇廓：《清华大学》，湖南教育出版社1995年版，第34页。
② 《全国高等师范教育会议的总结报告》，《新华月报》1954年第2期，第192页。
③ 中央教育部高等师范教育司：《五年来高等师范教育的成就》，《人民教育》1954第10期。
④ 《中国教育年鉴》编辑部：《中国教育年鉴》地方教育（1949—1984），湖南教育出版社1986年版，第35页。

　　北京师范大学作为我国高等师范类学校中首屈一指的高校，在1952年的院系调整中取得了重要成绩。根据我国教育事业发展的实际需要，北京师范大学通过合并和调整，不断地增强师范类高校的实力。在大规模院系调整之前，北京师范大学在教育系内部已做了适当的专业调整。截至1952年全国院系调整时期，北京师范大学共有"中国语文、俄语、历史、地理、数学、物理、化学、生物、教育、体育卫生、音乐戏剧、美术工艺十二个系"[①]。随着1952年大规模院系调整工作的开始，党中央和中央政府不仅要求高等教育重点发展工业学校，以配合国家经济建设的需要，同时还要效仿苏联大学模式，取消大学中的学院，成立工、农、医、师范、政法、财经类专科学校或者专门学院。在新中国成立后，要实现社会主义新型高等学校的发展，就要大力发展师范类高等学校，培养师资人才。为实现院系调整工作的顺利开展，1951年10月至1952年5月，教育系、中文系、历史系、音乐戏剧系等将近200名学生参加了江西省的土地改革运动，在实践中提升了觉悟。1952年初，"三反""五反"运动在北京师范大学开展起来，师生都参加了这场思想改造运动。通过这一系列的政治运动和思想改造运动，学校内已经树立起来无产阶级的思想领导，为1952年开展大规模的院系调整工作，以及学习苏联经验全面系统地进行教学改革，奠定了思想基础。

　　北京师范大学的院系调整工作重点是在1952年展开的。年初，中国人民大学与燕京大学的教育相关专业并入北师大，进一步强化和巩固了北京师范大学教育类学科的优势。1952年暑假，辅仁大学与北京师范大学合并，形成新的北京师范大学，紧接着又对学校系科设置进行了局部调整。"一九五二年，音乐戏剧系之戏剧专业并入人民艺术剧院，音乐专业恢复为音乐系。美术工艺系改称图画制图系，分设图画、制图两专业。一九五三年，体育卫生系从师大分出，支援了中央体育学院的建立。留下十三名教师，组成体育教研室，负责公共体育课。"[②]为加强学校马克思列宁主义理论教育，北京师范大学于1953年新设立了政治教育系，这个崭新的学科承担起培养中学政治课教师的重任。

　　院系调整促使北京师范大学院系结构有了新的变化。依据《关于高等师范学校的规定》中提出的"高等师范学校应根据中等学校教学计划设置中国语文、外国语……系科"[③]相关要求，更有针对性地实现人才培养的目标，北京师范大学对各

---

①　北京师范大学校史编写组：《北京师范大学校史》（1902年—1982年），北京师范大学出版社1982年版，第138页。

②　北京师范大学校史编写组：《北京师范大学校史》（1902年—1982年），北京师范大学出版社1982年版，第140页。

③　《当代中国》丛书教育卷编辑室：《当代中国高等师范教育资料选》（上），华东师范大学出版社1986年版，第22页。

院系做了更加全面安排，合并了若干系别和专业，保证师范类人才培养的全面性。经过院系调整之后，北京师范大学的院系结构更加合理，成为院系设置较为齐全的高等师范学校。新的北京师范大学由原辅仁大学、燕京大学的教育系和北京师范大学调整而成，共有中国语言文学、俄语、教育、历史、数学、物理、化学、生物、地理、音乐、体育卫生、图画等 12 个系 13 个专业，同时根据师范类专业培养学生要求，另设有学校教育、学前教育、中国语文等 9 个专修科，以及一个专门承担师资培训任务的高等师范学校教师进修班。由此，新的北京师范大学在学校规模上有了很大的变化。"在校学生人数从一千二百四十四人增至二千三百六十七人，教师由一百八十三人增至三百四十三人。校舍使用面积增加近一倍。"① 院系调整工作是在学习苏联经验的基础上不断探索实现的，之后北京师范大学大力贯彻党中央关于改革旧教育和学习苏联的指示，开始全面地学习苏联。"1950—1957 年，先后在北京师大工作的苏联专家共有 18 人（其中教育科学方面的专家 8 人）。他们介绍了苏联的教育经验，帮助学校进行教学改革。同时，苏联专家还举办了研究班与进修班，培养了研究生 336 人，进修教师 885 人，听过苏联专家讲课的有 2037 人。"② 通过学习苏联经验，北京师范大学从教育制度、教学内容、教学方法、教学组织以及学校的组织领导等多方面进行了有计划的改革。虽然不能一时实现所有改革要求和目标，但这为国家培养新中国所需的师范人才做出了重要贡献。

（三）整顿和改革综合性大学

新中国在成立后，为实现国民经济恢复和发展，顺利开展工业化建设，高等学校的发展主要是集中人力和物力来发展好高等工业学校，以适应国家经济建设的迫切需要。综合大学也有其自身的重要价值，有着专科性大学无法代替的重要作用。因此，院系调整工作还应注重加强综合性大学的整顿和改革。

1. 综合大学院系调整的任务

综合性大学在高等学校中有着自身的定位，在一般教育方针的指导之下，有其特定的任务和与其他专门院校性质上的区别，主要是培养理论或基础科学（自然科学和社会科学）方面的从事研究工作或教学工作的专门人才，更具体地说，就是培养科学研究工作和高等学校的师资以及中等学校的师资。因此，综合大学对人才的培养要求相对较高，除具有较高理论水平和广博的科学知识外，还能通晓自然科学或社会科学的一般规律，并在此基础上进行独立性、创造性的专业研究工作。同时，学生还应具备运用马克思列宁主义的方法论解决专业学习过程中遇到实际问题的能

---

① 北京师范大学校史编写组：《北京师范大学校史》（1902 年—1982 年），北京师范大学出版社 1982 年版，第 139 页。

② 《中国教育年鉴》编辑部：《中国教育年鉴》地方教育（1949—1984），湖南教育出版社 1986 年版，第 35 页。

力，进而推动科学向前发展。"综合大学和各种专科性高等学校有相辅相成的关系，它是提高各种科学的理论水平的关键所在。"① 因此，新中国的综合性大学既是教学机构，又是研究机构，承担着人才培养的重要任务，它是国家文化和科学发展的一个非常重要的标志。

但在国民政府时期，公立大学布局不合理，学科设置庞杂或重复偏科。1952年，我国院系调整的步伐逐渐加快，在教育部 1952 年 5 月颁布的《一九五二年全国高等学校院系调整计划》中对综合性公立大学的调整原则是"大学（指综合大学）为培养科学研究人才及培养师资的高等学校，全国各大行政区最少有 1 所，最多目前不得超过 4 所"②。行政组织要以系为单位进行管理，并进一步对综合大学的培养目标和规模做了规定。据此，中央制定了综合性大学调整的基本方针，即将涵盖种类过多的综合大学改为文理科大学，减少综合大学的数量，将原来设置过多、过于散乱的专业予以适当集中，以便实现综合大学的整顿，并设立大量单科院校。这一方针主要是参照苏联模式制定出来的，当时调整的综合性大学包括北京大学、武汉大学等 8 所公立大学。

1953 年 9 月，全国综合大学会议召开，部署了今后贯彻执行综合大学的方针和任务："首先要使高等教育的方针和任务和国家总路线任务密切结合起来。其次必须掌握逐步过渡稳步前进的精神；各校学习苏联与中国实际情况相结合进行教学改革的工作，必须认识其长期性、复杂性和发展不平衡性，并注意发展中的困难，要克服困难，创造条件，稳步前进。第三在学习苏联、专业设置、培养提高教师和科学研究工作等方面都要防止冒进与保守两种偏向。"③ 在深入推进院系调整工作中，教育部应注重学习苏联的经验和调整工作的稳步前进，这就为综合大学的发展指明了改革和发展的方向。

2. 以北京大学为代表的综合大学院系调整

大行政区是院系调整的主要划分方式，之后也按照大行政区进行部署。华北区是这次院系调整的重点，而华北区的北京、天津更是重中之重。调整后全区共有 41 所院校，北京大学、南开大学成为综合性大学。根据院系调整计划，北京大学经过清华、辅仁和燕京部分学院和系科的并入，成为综合性大学。特别是北京大学的院系调整工作可以说是这次综合性大学调整的一个缩影，它的院系调整工作也成为诸多综合性大学调整的参考。北京大学很早就开始了院系调整工作，特别是在 1952 年大规模院系调整后，专门召开了北大、清华、燕京三校的院系调整会议。

---

① 《为实现全国综合大学会议的决议而奋斗》，《新华月报》1953 年第 11 期。
② 苏渭昌：《五十年代的院系调整》，《高等教育研究》1989 年第 4 期。
③ 《第一次全国综合大学会议》，《新华月报》1953 年第 11 期。

1952 年 6 月 21 日，北京大学党政领导专门召开院系调整研究会。绝大多数教师拥护院系调整工作，同时愿意服从国家分配，并对院系调整工作的具体内容做了深入细致的讨论。1952 年 6 月 28 日，京津高等学校院系调整北京大学筹备委员会成立，开始筹备工作。"马寅初（主任委员）、汤用彤（副主任委员）、周培源（副主任委员）、翁独健（副主任委员）、叶企荪、钱瑞升、蒋荫恩、赵锡禹、谢道渊、杨治安、张群玉、郭道晖"[①] 随即就展开了筹备工作。1952 年 6 月 29 日，北京大学、清华大学、北京师范大学等五所高等学校有关教师七百多人举行联欢会，大会决议于中国共产党成立三十一周年纪念日致电毛主席。京津高等学校院系调整北京大学筹备委员会在致电中决心要积极贯彻院系调整的方针，拥护党的领导，完成北京大学的院系调整工作。高等学校教师通过思想改造后普遍树立了团结一致为劳动人民服务的思想，在这次会议上北京五校决心在党和中央政府领导下全面开展院系调整工作。北京大学也表达了建设新中国新型综合性大学的决心。通过数据对比，我们可以看出院系调整后新北京大学的整体变化。

从表 3-2 可以看出，新中国成立前北京大学的机构庞大，设置混乱。院系调整后，系部设置更具全面性，更加体现专业设置涵盖范围的综合性。经过 1952 年的院系调整后，新北京大学共分为 12 个学系 33 个专业以及 7 个专修科，不分院："数学力学系包括数学、力学专业；物理学系包括：物理、气象；化学系包括：有机化学、无机化学、分析化学、物理化学；生物学系：植物、动物、植物生理、人体及动物生理；地质地理系包括：自然地理专业；中国语言文学系包括中国语文学、新闻与编辑；西方语言文学系包括：德国语文、法国语文、英国语文；东方语言学系包括蒙古语、朝语、日语、越南语、暹罗语、印尼语、缅甸语、印度语、阿拉伯语；俄语文学系包括俄罗斯语言文学；哲学系包括哲学和心理学；历史学系包括历史、考古；经济学系包括政治经济学。"[②] 这总体保证了文、理各专业涵盖内容的广泛性，重点培养科学研究人才、中学师资和文化工作干部。北京大学除了进行系部调整之外，按照教育部对于高等综合性大学调整方案的要求，对北京重点高等学校的院系进行调整合并，实现优势资源合理有效的利用。在院系调整工作顺利展开的同时，北京大学还就人事工作进行调整。经调整后，新的北京大学以全新面貌迎接新生的到来。

---

① 王学珍：《北京大学纪事》（1898—1997）上册，北京大学出版社 1998 年版，第 452 页。

② 王学珍：《北京大学纪事》（1898—1997）上册，北京大学出版社 1998 年版，第 467-468 页。

表3-2　北京大学几年来院系变更表①

（1948—1952）

年代 ＼ 系院		文学院	理学院	法学院	工学院	农学院	医学院
新中国成立前	一九四八年七月	哲学系 史学系 中文系 西语系 东语系 教育系	数学系 物理系 化学系 植物系 动物系 地质系	法律系 政治系 经济系	机械系 电机系 土木系 建筑系 化工系	农艺系 园艺系 畜牧系 兽医系 森林系 昆虫系 农化系 植病系 土壤系 管理系 （1949年月，该院独立出北京大学）	医学系 药学系 牙学系 （1950年9月后，该学院直接受卫生部领导，不再隶属北京大学）
新中国成立后	一九五一年八月	哲学系 史学系 中文系 东语系 西语系 俄语系 图学系	数学系 物理系 化学系 植物系 动物系 地质系	法律系 政治系 经济系 银　专 贸　专	机械系 电机系 土木系 建筑系 化工系 卫工系		医预系

　　在华北区各高等学校的系、专业和专修科都根据各自学校设置的目的，在学习苏联高等教育先进经验的基础上，制定的院系调整计划和内容。1952—1953年的院系调整后，全国综合性公立大学由原来的文、理、工、农、医、师范涵盖范围较广的学科，改变成为文和理两科，同时数量也大为削减。通过整顿和改革，综合大学虽然在数量上有所减少，但同时其质量有所提升，为今后的综合性大学发展奠定了基础。

---

　　① 王学珍：《北京大学纪事》（1898—1997）上册，北京大学出版社1998年版，第467页。

三、公立大学专业设置及调整

除院系调整外，另一个重要的内容就是对公立大学专业设置和调整，它也是学习苏联经验的一个重要举措。1952 年秋季后，经过大规模的院系调整之后，全国公立大学的任务逐步明确起来。按照公立大学培养人才的范围，专门学院可以分为综合性大学、多科性工学院、工业方面单科性的学院（例如地质学院、钢铁学院等），以及农学院、医学院、政法学院、师范学院等。党中央和中央人民政府根据国家建设人才的需要，结合各校师资设备等条件，普遍设置了专业，有步骤地确定每个高等学校所设的专业。

在旧的高等学校体制中只有院系没有专业，新中国成立前的旧教育，最显著的问题是理论与实际的相脱节，培养学生的目的是为反动统治阶级服务的，更谈不上培养为人民服务的人才。在当时社会来看，这容易导致大学生在毕业后无法适应或担负起实际工作的责任。在旧有公立大学的设置中，每个大学分成若干院，院下分系，系下又分为组，即一种垂直的系统：校（大学）—院—系—组。特别是国民党统治时期，强化大学地位，弱化专门学院，注重院一级的行政级别。这在当时降低了行政效率，院一级别相当于虚设。而这种系、科在专门领域的划分上与后来的专业有类似性质，但对社会需求的适应性较为广泛。旧大学专业的概念最早来自苏联。"'专业'就是一行专门职业或一种专长。"① 在当时，苏联高等学校为培养专门人才或工程师，在专业设置上是要求高校专业直接与国民经济部门对口，即强调专才的培养。各专业都有自己的具体教学计划，高校也依据此来制定培养目标、教学计划等具体的工作。"学生亦按此进行学习，形成自己在某一专门领域的专长，为未来职业活动作准备。"② 我国高等学校在实际的专业设置过程中也是参照苏联大学模式，从欧美通才培养模式向苏联专才培养模式的转变。特别是公立大学的专业设置，主要是与社会相关职业相对应，并根据国家对所需人才的要求来设置专业和培养人才，同时还要经过政府教育行政部门的批准来进行。

苏联的高校模式决定我国高等教育的专业结构的基本因素。自 1952 年我国公立大学普遍设置了专业，全国专业点的总数由此不断增加。专业设置是依据国家建设需要进行的，即结合实际需要，特别是将文、理、医、工科等专业划分得更细一些。具体而言，依据"需要与可能相结合、而以需要为主导的一面，是各专业调整和设置的基本原则。凡为国家建设所迫切需要的，如有条件，可研究从早设立；条件不够的，应积极创造条件，争取在一定时期内可以设立。有些专业，如设置较多，学

① 《高等学校的"专业"设置问题》，《新华月报》，1952 年第 10 期。
② 教育大辞典编纂委员会：《教育大辞典》第 3 卷（高等教育、职业技术教育、成人教育、军事教育），上海教育出版社 1991 年版，第 26 页。

生太少，师资设备等条件又差，可考虑合并集中，准备今后的发展"[1]。因此，公立大学主要是根据新中国建设的实际需要设置各种专业，并根据建设事业的规模与速度，按照统一的计划来确定学校各专业招生人数和发展的速度，同时根据各专业的培养目标来制定不同的教学计划保证培养干部的质量。具体而言，政府根据国家经济、文化等各方面建设的需要来设置专业，然后结合各个公立大学的师资和设备条件，在每校设置一定的专业。"专业决定以后，几个性质相近的专业，可以结合成为一个系；同时一系也可以只有一个专业。系可大可小，可以多包括几个专业或少包括几个，关系比较不大。一所高等学校所担负的任务，主要决定于其所设专业的种类和各专业招生的人数。"[2] 因此，专业的设置对于高校的任务是具有重要的意义的，它不同于国民党旧教育下行政级别的院长、系主任、组主任的行政级别。新制度下校内教学方面的行政组织，简化为校、系两级。一个系里面的学生，按照系部设置的专业来学习，而行政事务则由系主任统一管理。"系、专业、专门化的关系，主要表现在培养人才类别的划分，专业与专门化的关系，不是垂直的行政领导关系，"[3] 这就体现出新制度与旧制度的根本不同，以专业为基础培养各行各业需要的专门人才。

根据当时国家建设对专门人才需要，到1953年初，全国高校共设置专业215种，涵盖较为广泛的专业设置，满足了高等院校向社会输送各类急需人才的要求，从而开始走上了高等教育的新方向。1953年，在普遍设置专业的基础上，高校着手又进行了专业调整。在新中国的专业调整过程中，高校取消院一级的建制，将工、农、医、师范、政法、财经等系科调整出来，或者独立设置学院，或者将其并入同类的学校中去，以确保高校学生对高校专业的全面认识和了解。公立大学的专业设置，改变了旧中国公立大学只设系科（组）不设置专业的传统，建立以专业为核心的人才培养体系，使人才培养的分工和目标更加明确。之后学校按照专业招生，学生入学后依照专业分班组织活动。1953年，全国公立大学还先后向新生进行了专业思想教育，使新同学服从于国家建设的需要，按照所分配的专业进行学习。例如北京矿业学院在新生入学报道后，为了让新学生更进一步了解新中国的煤矿事业，就会通过报告会和座谈会形式介绍祖国的煤矿事业和学校的发展情况。在座谈会上，有同学表示："轮船、火车都需要煤，巨大的火力发电机也需要煤，炼钢厂更是离不了煤。如果我们没有煤，人民的生活将是不可想象的。"[4] 这些与人民生活实际密

---

① 中央人民政府高等教育部办公厅：《高等教育文献法令汇编第1辑》（1953年1至12月），1954年版，第21页。

② 《高等学校的"专业"设置问题》，《新华月报》，1952年第10期。

③ 《高等学校的"专业"设置问题》，《新华月报》，1952年第10期。

④ 《全国高等学校向新生进行专业思想教育》，《人民日报》1953年11月1日，第3版。

切相关的专业让同学们产生了极大的兴趣。在计划经济体制下，这种专业设置的模式为国家各项事业发展输送了大批对口的专业人才，高等教育的规模也随之扩大。客观上讲，改革虽然促进了高等学校教学制度的发展和完善，但从长远来看，专才教育的模式不符合大学学科发展的规律，过于专门化的人才使得学生难以适应社会，这种模式势必会为时代所淘汰。

第四节　公立大学教育教学的改革

逐步改革旧教育制度、建设新教育制度是新民主主义教育的重要任务。新中国成立之后，我国高等教育首要的任务就是有计划有步骤地改革旧有的教育制度、教育内容和教学法。改革的主要任务就是要改革旧教育制度和内容，使之成为"为社会主义性质的、由工人阶级思想领导的、完全适合正在逐步过渡到社会主义社会的国家建设需要的、新型的高等教育"①。这是一种教育本质的改革。在顺利完成师生的思想改造之后，高等学校整体风貌大为改观。而改造旧教育和建设人民新教育是密不可分的两个环节，建设新教育必须从旧教育中吸取合理的部分。在此基础上，全国范围内的教育教学改革逐步展开。改革涉及教育制度、教学组织和教学方法等一系列的内容，这是教育本质的转变过程，并不像疾风骤雨般的方式来解决。因此改革要依据一定的原则稳步进行："我们的国家正处在逐步实现社会主义工业化和社会主义改造的伟大的过渡时期，教学改革工作本身也是一个过渡的工作，应采取逐步改造、稳步前进的方式，而不能急于求成，但'抱残守缺'也要为历史抛弃；因此，我们必须分别缓急，分清步骤，创造条件，逐步提高。"② 特别是在院系调整之后，我国参照苏联高等学校建设的一系列制度和原则，调整合并一些公办高校，并依据培养人才的需要，逐步展开教学改革。

一、公立大学的课程改革

新中国成立后，旧有高等院校的课程体系中有很多内容已不适应新中国高等教育发展的需要。为保证新民主主义教育方针的有力贯彻执行，就必须进行课程改革，它是改造旧有公立大学的首要环节。改革总方向是："以辩证唯物主义和历史唯物主义为指导，清除宣扬封建的、买办的、法西斯主义思想的内容，取消烦琐、陈腐、

---

① 《关于稳步贯彻教学改革问题的报告》，中央人民政府高等教育部办公厅：《高等教育文献法令汇编第1辑》（1953年1至12月），1954年版，第92页。

② 中央人民政府高等教育部办公厅：《高等教育文献法令汇编　第1辑》（1953年1至12月），1954年版，第20页。

庞杂的材料和结构，在实现教育目标的前提下进行课程改革。"① 特别是教育内容的改革是高等教育改革的关键点。1949 年 11 月 17 日，中央人民政府教育部召开华北区及京津两市专科以上院校主要负责人联席会议，会上强调了课程改革的重要性，特别指出"当前课程改革的中心环节是加强政治课的学习"②，最重要的就是通过改革实现理论与实际的统一。此次会议基本上确定了之后课程改革要加强政治理论课学习和精简业务课程两方面的主要内容。1950 年 6 月的第一次全国高等教育会议上宣布了高等教育的方针与任务以后，接着发布了《关于高等学校课程改革的决定》，同时印发了文、法、理、工、农五个学院中的 24 个主要系的课程草案，以及 54 种专修科的课程草案。各公立大学开始重视制定教育计划，加强课程改革工作，这不仅是一项巨大的工程，同时也对新中国高等教育建设有着巨大的作用。时任教育部部长马叙伦还特别强调正是在这些原则要求下，"力求课程内容适合国家建设的需要"③，反对各种错误倾向，有计划、有步骤地逐步推进工作。

此次课程改革的中心内容就是围绕上述目标展开的。课程改革是一个历时较长的工作，改革的过程中需要随着形势的发展不断调整和完善，改革的目标是实现理论与实际的相一致，这都需各方力量的通力配合才能逐步实现。党中央对高等学校的教学改革也十分重视，特别强调在这次教学改革中，党支部要确保在教学中贯彻和执行新民主主义教育方针。课程改革涉及的内容较为广泛，包括政治理论课的学习，业务课程的精简，加强教学与实际相结合，以及规定学业年限和提高师资质量等。通过这次改革，彻底改变旧学制中的不合理内容，团结和带领绝大多数的教职员工和学生共同建设新的人民高等教育。

（一）理论与实际相一致是课程改革的基本原则

如前所述，旧有高等学校存在着脱离实际的教条主义思想，出现"为学术而学术"的空洞教条主义的错误倾向，课程设置存在内容与实际需要相脱节的现象。因此，力求与国家建设实际相结合，是本次课程改革的首要目标，同时还要在课程改革中纠正轻视理论学习的狭隘实用主义，以及经验主义的错误倾向。

此次课程改革的原则是理论与实际相一致，特别是强调教学要与实际相结合，"高等学校应与政府各业务部门及其所属的企业和机关，建立密切的联系"④。教师也应有计划地组织学生进行实习参观，在教学和实习环节为学生的发展提供必要可行的指导和帮助。

---

① 方晓东、李玉非：《中华人民共和国教育史纲》，海南出版社 2002 年版，第 51 页。
② 《教育部召开华北京津十九院校负责人会议　讨论高等教育改造方针》，《人民日报》1949 年 11 月 22 日，第 4 版。
③ 马叙伦：《第一次全国高等教育会议开幕词》，《人民教育》1950 年第 3 期。
④ 《关于实施高等学校课程改革的决定》，《人民教育》1950 年第 5 期。

　　各类公立大学不仅重视基础课程的教学，还十分重视实践环节的训练。原国家教委党组副书记张孝文在清华大学学习时，正值国家进行大规模院系调整和课程改革时期。他从自身经历谈道：清华大学的"机械系学生要有 8 周在校内工厂学习机床加工、铸造、焊接等实际操作，5 年内要有 3 次到工厂生产实习，都有明确的要求"①。由此看来，当时的清华大学是十分重视培养学生理论与实践相结合的能力的。1950 年 6 月，当时的北京农业大学举办了"农耕学习班"，北京农业大学的 15 位教授、讲师、助教组成工作团到东北垦区指导部队生产，体现了理论与实际相一致的教育方法，这是新农业教育建设的一个良好开端。理论与实际相一致是公立大学课程改革的重要原则，也是公立大学顺应社会发展要求培养学生的重要举措。

（二）政治课程的学习是课程改革的中心环节

　　教育改革的首要内容就是课程内容改革，这其中应包括对业务课程的精简和政治理论课程的学习。而政治课程学习是课程改革的中心环节，"课程改革的主要任务是以一种适当的方式将马克思主义教学内容融入原有的课程体系中"②。课程改革的目的就是使新中国的高等学校学生树立正确的人生观，建立起为人民服务的观点。教育本身属于上层建筑的范畴，它会随着社会经济制度的变革而做出相应变革。在新民主主义社会里，高等教育的改革和发展必须以马克思、列宁主义为指导原则。高等学校在培养新中国各方面建设人才时，不仅注重专门技术的培养，还应使学生具备辩证唯物主义的世界观，这样的人才和建设者才能适应新中国国家大规模建设的需要。早在解放之初，学生们就对旧有的资产阶级教育制度、教学内容感到不满，强烈要求进行改革。如前所述，1949 年 10 月中旬，华北高等教育委员会颁布的《各大学专科学校文法学院各系课程暂行规定》，是改革大学课程的一个重要开端。强调这次的改革旨在废除反动课程，坚信马克思列宁主义，并在实施的过程中不断进行修正完善。因此《关于实施高等学校课程改革的决定》中进一步指出"废除政治上的反动课程，开设新民主主义的革命的政治课程"③，以实现废旧立新的改革目标。课程改革的中心环节是加强政治课的学习，在教学中帮助学生确立正确的人生观。教育改革必须与社会发展的实际要求相一致。在顺利实现对旧教育的接收之后，以北京大学、清华大学等为代表的高等学校随即展开了教学课程的改革。此后，学生学习政治理论课程的热情空前高涨，特别是哲学系开设的马列主义哲学史、毛泽东思想方法研究尤其受到学生的喜爱。清华大学也增设了辩证唯物论、毛泽东思想

---

　　① 教育部离退休干部局：《亲历 70 年——教育部老同志庆祝新中国成立 70 周年文集》，高等教育出版社 2019 年版，第 23 页。

　　② ［加］许美德：《中国大学：1895—1995 一个文化冲突的世纪》，许洁英译，教育科学出版社 1999 年版，第 108 页。

　　③ 《关于实施高等学校课程改革的决定》，《人民教育》1950 年第 5 期。

等政治理论课程。1956年2月8日，清华大学蒋南翔校长在清华大学第十次教学研究会上提道："全校同学对于政治理论课程的学习，一般都有很高的兴趣，他们感觉到学了政治理论课程以后，懂得了中国革命的基本问题和社会发展的规律，逐步建立起正确的世界观和人生观，对提高他们的思想水平和学习方法，都很有帮助。"① 通过改革，学生们的学习情绪高涨，课堂到课人数激增。中国人民大学也是一向重视马克思列宁主义的思想教育，从教学计划到教学内容安排上都突出了马克思列宁主义的指导地位。"中国人民大学在组织上、工作布置上各方面面向教学，一切以教学为中心，"② 强调政治理论课程学习的重要性。除此之外，各公立大学都十分强调政治理论课的重要性，将其作为引导学生思想政治教育工作的首要内容。

课程改革需在实践中不断完善，探索有利经验。如前所述，课程改革是一个长期而精细复杂的工作。虽然政治理论课程的学习方案已经提出，各公立大学也相继建立了政治理论课，但是执行过程还需要大批马列主义学者从事教学实践工作，更需要在实践中不断摸索和提升。可事实上，根据当时高等学校的实际情况来看，各校进行课程改革，普遍存在马列主义学者师资缺乏的问题，开设新课较为困难。虽然改革过程艰难和曲折，但在党中央的支持和鼓励下，各高校都在努力克服困难，探索解决政治理论师资缺乏的办法。有些地方高校成立专门的课程研讨会，集体进行备课，一人主讲。例如当时北大哲学系在主讲中国哲学史、西洋哲学史等课程时就按照小组的方式，"以讲课教授为召集人，每两星期开会讨论一次"③，提前做好讲课准备工作，在小组内进行讨论，通过小组成员提出意见进行修改后加以完善。这一方法不仅提高了备课的效率，同时教师资源也得到了合理分配，学生们反映讲授的效果非常好。在政治理论课程学习的过程中，根据北大、清华进行改革的效果得出的初步经验，高校要求文法学院师生学好政治课，为课程改革创造有利条件，这是贯彻课程改革的基本保证之一。课程改革是在不断摸索的过程中发展和完善的。在实践教学中增强各高等学校政治课教学工作的了解，便于交流经验和提高教学质量。教育部颁布了《关于与各大行政区若干学校政治课教研组建立经常联系的通知》，要求学校之间加强联系的包括两个方面："（一）建立经常的通信联系：各校可将政治课各教研组的基本情况——领导关系，工作计划，集体备课，培养助教，学生的政治思想及自学、辅导，课堂讨论等情况、问题和经验，经常地、有重点地具体地向我部汇报，我部则根据这些汇报，选择其中可资介绍的经验，摘要介绍给

---

① 清华大学校史研究室：《清华大学史料选编·第六卷》（第三分册），清华大学出版社2009年版，第32–33页。

② 《中国人民大学教学经验讨论会简况》，《新华月报》1954年第5期。

③ 《京津各大学文法学院　课程改革获初步成绩　部分学校有因人设课及新开课程名实不符的缺点，亟待纠正》，《人民日报》1950年4月2日，第3版。

各学校。（二）解答问题：各校在政治课中如遇有理论上的某些问题，经过讨论仍不能明确或有分歧意见者，可提交我部设法予以解答。"① 这样的方式既增强了政治理论课教师间的交流与学习，及时地解决了课程教学中的实际问题，又保证了政治理论课的顺利开展和学生思想政治水平的提升。

1955年，高等教育部在《关于高等学校政治思想教育工作》中进一步提出要加强马克思列宁主义理论教育，通过"对学生进行共产主义的道德教育，抵制资产阶级思想侵蚀"② 以及通过共产主义道德教育提升学生思想道德水平。至此，政治理论课程的改革取得了很大成绩，通过政治理论课程的改革，保证了思想政治教育工作的顺利开展，成为提升公立大学学生政治理论觉悟的重要方式。通过这次课程改革，大部分公立学校都能重视思想政治教育，确立政治课程的学习内容。教学内容也更注重理论与实际结合，按照计划和步骤安排课程。很多公立高等学校还根据实际的需要相继成立了教研组，对教学工作起到了推动作用。

（三）精简课程是高等学校的业务课程改革的目标

为适应新的需要，业务课程的改革也随即展开。高校课程的设置主要是以系为基本教学单位，国家经济社会发展的需要则决定了高校系别课程设置的内容。党中央特别反对好高骛远和教条主义的课程设置，强调对科学理论的系统学习，在学好理论课程的同时注重与实际的结合。因此，业务课程就必须进行适当的精简。"应根据精简的原则，有重点地设置和加强必需的和重要的课程，删除那些重复的和不必需的课程和内容，并力求各种学科的相互联系和衔接。"③ 《决定》还特别强调，即使对于确需删除的重复的，或者不必要的课程时，也需要依据实际情况来进行充分考虑和多方讨论，决不能因人设课，而要根据国家实际情况来确定。重点是结合实际的要求加强主要课程，注重校外实习，最终要实现课程质量的提高。

党中央和教育部历来重视文、理科发展的平衡性。中央人民政府教育部在对文法学院各系课程进行改革之后，开始对高等学校的理工学院课程进行改革，要求精简理工学院的课程。但笔者在实际调查研究中发现，很多理工学院出现"简而不精"的问题。1950年3月初，教育部举行了京津各大学理工学院部分教授的座谈会，围绕课程改革的原则、步骤和具体办法进行了讨论。1950年5月，教育部会同产业部门，与各大专院校加紧研讨，起草出了各种专业课程的草案，着手改革高等工业教育课程。在删减的过程中，特别强调课程改革要密切配合国家经济、政治等各方面建设的需要，在系统学习理论知识的基础上适当地实行专门化。特别强调在

① 《关于与各大行政区若干学校政治课教研组建立经常联系的通知》，中央人民政府高等教育部办公厅：《高等教育文献法令汇编 第1辑》（1953年1至12月），1954年版，第127页。
② 何东昌主编：《中华人民共和国重要教育文献（1949—1975）》，海南出版社1998年版，第458页。
③ 《关于实施高等学校课程改革的决定》，《人民教育》1950年第5期。

经过深思熟虑和多方面讨论后方可删除重复和不必要的课程和内容，以免轻率删除引起重要课程内容的遗漏。例如清华大学营建学系在课程改革时就特别注意到"诸如'应用力学'的动力学部分，'结构学'中属于铁路桥梁等部分，在营建学的课程上，是值得考虑删减的"①。这样就避免了重复或不必要的内容多次出现，提高了教学的效率。同时，党中央和中央政府在制定的这一系列课程草案中保留了旧学校设置的不少重要课程，这一做法是正确的，但在1952年的院系调整中并未能很好地坚持。在公立大学课程改革工作的实践过程中，各高校根据实际情况成立教学研究指导组，专门推进课程改革和教学改进的重要工作，这在当时起到了很大的推动作用。

（四）提高师资质量和培养新的师资是课程改革的关键

教师是高等学校的重要组成部分，担负着培养适应国家建设需要的人才的重任。教师本身的质量问题关系着整个教育质量的高低。在接管公立大学后，党和政府逐步解决师资力量不足的问题，注重高校教师数量和质量的提升。新型人民的高等教育要求高等学校的教师不仅能做到加强自身的政治学习、业务学习和研究工作，还能结合自身所教课程，组织教学研究指导小组，通过教师间的互助，不断改进教学内容和方法。同时，教育部在改革的过程中注重加强对新师资力量的培养，不断为人民的高等学校注入新鲜血液，特别是关心和培养助教和研究生，使他们成为新中国高等学校的优秀教师。为解决教师数量严重不足的问题，中央政府高等教育部决定："（一）扩大派遣留学生的数目；（二）从高等学校毕业生中尽可能多留研究生或助教，由苏联专家或我国先进教授用研究室、短训班或带徒弟的办法培养未来师资。……（三）有重点地选择若干有条件的教研组来改造提高现有不能开课的师资（约千人）的思想政治与业务水平，这也是一个发掘潜在力量的办法。"② 教育部通过这些方式来不断补充教师的队伍，在此基础上提高教师的质量。

教师是课程改革的关键因素，而教师的质量"决定于他们的马克思列宁主义水平和科学技术水平。……一方面要领导教师们深入地、系统地学习马克思列宁主义，另一方面，必须引导教师们进行科学研究工作。只有在马克思列宁主义指导下，经常在工厂、在实验室、在复杂的科学问题的丛林中、在艰苦的研究工作中不断扩展自己的知识的领域，不断以科学上的新的成就来丰富自己的知识，才是完全意义上

---

① 清华大学校史研究室：《清华大学史料选编·第五卷》上（解放接管与院系调整时期），清华大学出版社2005年版，第302页。

② 《关于目前高等学校教学改革的情况与问题的报告》，《中华人民共和国建国以来高等教育重要文献选编》（上册），出版社不详1979年版，第36页。

的'提高教师质量'"①。这就表明高等学校的教师在课程改革中起到非常关键的作用，在不断补充师资力量的同时，还要加强教师队伍的培训与学习，提升教师质量。

新中国成立以来，公立大学的教师在中国共产党与中央人民政府的领导下，在教育事业的改造和建设中发挥了重要的价值，在自我教育和自我改造中取得了巨大进步。客观来看，高校教师的思想政治水平和业务知识水平远不能跟上客观形势的飞速发展，而师资力量的相对缺乏也无法满足课程建设的需要。就1953年院系调整之后的情况来看，师资人数虽然有所增长，但仍无法满足教学需要；另一方面，在实行新教学计划之后，当时已有的师资力量中大都是青年助教，面临着许多基础课和专业课无法开课的问题。为此，为解决师资困难的问题，党和政府着重从三个方面入手："一是有计划有重点地发动苏联和中国的专家讲学、带研究生和教师进修，组织各校互相帮助，尤其条件好的学校应帮助外校教师进修，经常开教学研究会以交流经验。二是有计划、有系统地帮助教师学习马列主义，提高其政治水平和业务水平。三是加强教研组，通过教研组为培养师资与进行教学和研究工作的基本组织；特别要加强新老教师间的团结工作，充分发挥全体教师的力量，才能做好教学工作。"② 根据上述指示要求，首要的问题是提高师资的质量，最主要的是加强教师的学习，在学习的过程中提升自身的政治理论水平和教学能力。具体来说：就是要"继续努力学习马克思列宁主义、毛泽东思想，巩固与扩大思想改造运动的成果以及在有些地方继续开展思想改造工作，逐步地、坚决地以共产主义思想来武装自己"③。同时要努力进行专门学科的研究，在切实有效地学习苏联经验的基础上提升教学能力。上述两个方面措施使教师养成持续学习的良好习惯。

各高等学校按照上述计划和要求，不仅从宏观方面加强了师资队伍的培养和建设，也通过建立教研组和组织学习等方式培养新的师资力量，适应改革后的高等学校教学的需要。为有计划地提高高等学校教师的业务水平，逐步解决某些课程不能开设的困难，1953年11月，教育部颁布《关于下达〈高等学校教师进修暂行办法〉的通知》，要求加强教师的进修和培训工作④，以保证师资水平的稳步提升。该《办法》还提出要保证进修教师"可参加一定的教学工作，但此项工作时间每周一般不应超过四小时"⑤，进而保证教师理论学习与教学实践的结合，培养出新中国合格的

① 张国藩：《我对高等工业学校教学改革的几点认识—参加全国高等工业学校行政会议的收获》，《人民日报》1953年9月11日，第3版。
② 中央人民政府高等教育部办公厅：《高等教育文献法令汇编第1辑》（1953年1至12月），1954年版，第22页。
③ 吴玉章：《为了国家建设，教育工作者必须加强学习，提高工作质量》，《人民教育》1953年02期。
④ 注：教师的进修一般采取两种形式：一为随教研组（室）学习；一为参加短期讲习班学习。随教研组（室）学习者，学习期限原则上定为一年；参加短期讲习班者依讲习班计划决定，一般期限为半年。
⑤ 中央人民政府高等教育部办公厅：《高等教育文献法令汇编第1辑》（1953年1至12月），1954年版，第135页。

高等学校教师，并保证源源不断地补充师资力量。

课程改革是新中国成立后高等教育改革的一个重要内容。中国共产党直接领导了这次课程改革，保证了课程改革的教育服务方向，即为工农及为生产建设服务联系起来，使之与社会主义制度相适应。由于新中国在成立初期，学习苏联的经验，课程的编制主要采取了"教学计划""教学大纲"的政府文件形式，政策性和指导性较强；课程的目的、任务和教学内容围绕教材、教学计划和教学大纲来确定。这也鲜明体现出新中国成立初期课程改革的政治本质属性。

二、公立大学教材的改订

新中国成立后，国民党政府时期落后腐朽的课程与教材已不能适应新中国高等教育对人才培养的需要。1950年7月，中央人民政府政务院决定成立高等学校教材编审委员会，并指出："用科学的观点和方法编订为新中国高等学校所使用的教材，是实行课程改革的重要条件。"① 随即，高等学校逐步开展教材和参考书的编译工作。与课程改革同步进行的是公立大学的教材改革工作，即运用科学的观点为我国高等学校各院系编订适用于人才培养的新教材。在探寻新中国高等学校教学内容改革的过程中，当时苏联先进的教育教学经验成为我们教学改革的学习对象，也成为公立大学进行教学改革的主要内容。特别是教师思想改造之后，广大教师认真批判了资产阶级学术腐朽落后的思想，转而认识到苏联教材中理论联系实际等优点，这些都为教学改革创造了良好的条件。第一次全国高等教育会议之后，教育部成立了高等学校教材编审委员会，聘请各学科的著名专家担任教材编审委员，还在公立大学里组织教师参加教材的编译工作，自编和翻译编译了大量高校教材，其中包括文科类、理工农医科类教材近千种，其中的大部分都成为学校重要的讲义。特别是从1952年到1953年，院校组织教师对苏联高等学校一、二年级的基础课程教材进行翻译，同时还兼顾一些急迫需要的高年级专业课程教材，逐步扩大范围再承担全部教材的翻译工作。同时，多所学校还组织教师学习俄文，甚至是通过短期突击阅读俄文书籍来达到速成的目的。教师们不辞辛劳开展翻译工作，尽可能地解决教材缺乏、师资困难的问题，保证大批苏联教材的出版。

教师们实行新的教学计划，采用苏联的教学大纲和教材是公立大学教学内容改革的重要内容，但改革不是一蹴而就的事情，需要有准备、有步骤地开展。课程和教材的改革直接推动了学校教研工作的深入展开。随着全国规模的院系调整工作开始后，各公立高等院校于1952年秋展开了学习苏联先进经验，并结合中国实际进行的教学改革，要求"以若干条件较好的地区的高等学校为试点，在一年级新生中，

---

① 《关于实施高等学校课程改革的决定》，《人民教育》1950年第5期。

采用苏联教材进行教学。在这些学校中，也要集中力量，先搞好几个系、几个教研组，评好和编好几种主要教材，以便取得经验，逐步推广"①。公立大学在选用和编译苏联教材过程中，也特别注意根据国家各方面建设的需要，在苏联专家的指导下，教育部主管部门会同各高等学校教师认真研究，保证各年级教材间的有效衔接，并根据实际情况适当精简。"务使'教师能教，学生能懂'。在苏联教材尚无中译本的情况下，对原来使用的旧教材，应清除其确实有害无用的部分，而保留其基本上可用的部分，不应一概弃置不用。"② 进而保证教材内容符合新中国高等教育教学对人才培养的需要。仅 1954 年，"高等教育出版社同其他专业出版社共出版了苏联高等学校及中等专业学校教材 455 种，其中高等学校教材 325 种……中等专业学校有了教材 178 种，另外出版了高等学校政治课教材两种（中国革命史、政治经济学）"③。这些教材解决了各类专业基础课和基础技术课教材问题，而专业课和专门化课程还需加强，随后又展开编译苏联专业课教材的工作。据统计，从 1952 年到 1956 年，我国翻译出版的苏联高等学校教材达 1393 种，总体上保证了高校教材的使用符合新中国高等教育对人才培养的基本要求。

三、公立大学教学方法的改进

在改革教学内容的同时，公立大学也十分重视教学方法的改进工作。在经过抗美援朝、土地改革和镇压反革命等运动后，教师们的思想认识有了很大的提升。但是，高校中的很多教师受过欧美资产阶级思想的教育，在教学上还存在很多缺点。例如，"一，填鸭式的教学法，只顾灌输，而不去考虑同学能不能消化；二，把欧美的一套硬搬过来，而不结合国内情况；三，理论不联系实际，在课堂上夸夸其谈，可是不解决问题。这样也就不能满足广大同学的要求"④。这种现象存在于不少高校中。为适应新型高等教育建设和发展的需要，培养社会主义事业的建设者，国家就必须改进高校的教学方法以适应新型高等教育体制的要求。高校首先要改变旧有的教条主义的教学方法，实行理论联系实际的方法。特别是在社会科学教学中，"仍然是教条主义和死啃书本""在讲课和课堂讨论中，时常是讲一些背熟了的标准公式，而不是创造性地加以思考，与实际联系，与共产主义建设的实际任务相联系"⑤。因此，改革就要求改变空洞陈腐的说教式教学方法，取而代之的应该是"新

---

① 《高等学校的教学改革应当稳步前进》，《人民日报》1953 年 1 月 22 日，第 1 版。
② 《高等学校的教学改革应当稳步前进》，《人民日报》1953 年 1 月 22 日，第 1 版。
③ 《中华人民共和国教育部 1954 年的工作总结和 1955 年的工作要点》，高等教育部办公厅：《高等教育文献法令汇编　第 3 辑》（1955 年 1—12 月），1956 年版，第 2 页。
④ 王汉霆、林昭：《开展高等学校教师政治学习运动!》，《人民日报》1951 年 10 月 31 日，第 6 版。
⑤ 《改善高等学校中社会科学的教学工作》，《人民日报》1954 年 3 月 12 日，第 3 版。

鲜活泼的对学生有正确的系统的指导，有切实的帮助，并能使学生面向国家政治、经济、文化生活的实际的教学方法"①。教育部和高等教育部都明确规定学习苏联先进的教学方法，通过多种方式推广苏联教学方法。

在当时，苏联的专家还深入学校，指导教师改进教学方法，提高教学效率。例如当时在北京大学进行指导的马克思列宁主义基础教研组的鲍罗廷教授，看到教研组在进行集体备课过程中效率较低，没有发扬集体主义精神。他就提出建议："讲稿由大家共同准备，分章轮流来写，每次只需一人执笔。这样可以节省时间、发挥集体智慧、提高教学质量"②。这样做教师就可以有更多的时间去充实课堂内容，这种集体备课的方法受到了教师们的认可，教学的效果有了很大提升。高校同时还推行了苏联学校中的考试方法、积分方法和成绩评定方法。但是，教学方法的使用也应当与中国的实际相结合，这种计分法与中国传统百分制的积分习惯不相符合，所以在执行过程中逐渐被取消或者变通使用了。在教学方法改革中，中国的高等学校也特别重视探索自身的经验，探寻良好的组织模式进行学习。例如中国人民大学就着力抓住教研室这一办好学校的中心环节，借助加强教研室来进行教学，开展科学研究，培养师资，以及提高教师的政治思想水平。最重要的是，高校要通过教研室的组织来进行教学方法的沟通和学习，改进教法，提升教学和科研水平。

高等教育部在领导高校进行教学方法改革过程中，特别注重经验和方法的推广，以保证教学方法能普遍适应教学改革的新需要。通过教学方法的改革，在学习苏联经验的基础上，公立大学调整了教学课程的设置，严格按照教学计划、教材和大纲执行教学内容，并辅以实习、实验和课堂讨论等方式。例如 1955 年，教育部在《1954 年的工作总结和 1955 年的工作要点》中提出，"通过课堂讲授及各教学环节、课外辅导、教学实习、生产实习、个别谈话和课外活动等方式"③，不断探索适合学生的教学方法，树立教师对学生"全面发展"负责任思想。这种教学模式对今天高等教育教学方法仍有影响。

在深入推进教学方法改革的过程中，高等学校教师经过初步改造之后，在教学工作中有了很大的改进。绝大多数教师对于教学工作是非常认真努力的。他们努力提高教学质量，致力于把学生培养为真正有本领的社会主义建设人才。改革是不断深入推进的过程，有些教师在教学改革中对教学方法的钻研不足，在教学上存在不少缺点。有些教师在讲课和组织教材时，不能因材施教地从学生能力出发，而单纯从自己的主观愿望着手，把课程的要求提得很高，内容讲得过深，使学生既跟不上，也无法及时且透彻地了解教师所讲的内容。与此同时，有些教师在讲授时占据过多

---

① 钱俊瑞：《高等教育改革的关键》，《人民教育》1951 年第 12 期。
② 陈俊：《苏联专家在北京大学》，《人民日报》1953 年 9 月 16 日，第 3 版。
③ 高等教育部办公厅：《高等教育文献法令汇编 第 3 辑》(1955 年 1—12 月)，1956 年版，第 9 页。

的课程时间，却没有安排好学生用于复习、做习题作业的时间，额外地增加了学生们的学习负担。教学改革不是一蹴而就的事情，中国共产党对公立大学的改革是在不断推进和深入调查的基础上进行的，国民党旧高校留下来的沉疴宿疾，以及改革中出现的一些新的问题都是在不断解决和完善的过程。事实上，在对公立大学进行改造的过程中，改革所涉及的内容是方方面面的，而改革的核心点是围绕苏联教学经验展开的。到1956年，各高等学校的主要专业都具备了自己较为统一和完备的教学大纲，成为教学工作的基本依据。

第四章 公立大学接收和改造的基本成效

从 1949 年到 1956 年的七年时间里，中国共产党筚路蓝缕，完成了新民主主义革命的历史任务，顺利地实现了对旧中国的教育、科学、文化事业卓有成效的改造，并确立了对公立大学的领导，建立了政治工作机构，同时也确立了马克思列宁主义在公立大学的指导地位。中国共产党从根本上改变了旧中国半殖民地半封建社会的教育性质，初步建立起了社会主义的新教育制度。1949 年到 1952 年是国民经济的恢复时期，党和人民政府从帝国主义手中收回了教育主权，妥善地对旧有公立大学实行接管工作，取消了国民党反动派对学校法西斯管理制度和对学生实行的特务统治，并对旧有的公立大学进行了初步的改造；同时还通过开设政治理论课程，对公立大学进行了师生的思想改造学习，帮助广大师生提高了思想觉悟，为大规模开展院系调整、教育改革作了思想上的准备。根据国家建设的需要，1952 年，党和政府开展了高等学校的院系调整，公立大学开展教学改革，规定一切学校向工农开门。从 1953 年到 1957 年，我国开始了以第一个五年计划为中心的社会主义建设阶段，将教育事业纳入了国家计划的轨道。由此，我国继续开展大规模的院系调整工作，从根本上改变了旧中国院系庞杂、学非所用的状况。公立大学紧密结合国家经济建设和国防建设对专门人才的需要设置专业，调整了各科各类的招生比例。国家在增加高等学校数量的同时，也在不断提高教育质量，推动公立大学结合中国实际学习苏联经验，并在此基础上普遍地开展了教学改革工作，使得学校的教学内容、教学方法和组织制度等方面都有很大改进，逐步实现了公立大学的改造工作。

在七年的时间里，公立大学的规模、层次、结构和布局等都发生了深刻变化。公立大学的性质改造成为中国共产党领导下的，以马克思列宁主义、毛泽东思想为指导的社会主义高等学校。按照社会主义改造与建设需要，其规模有了较大的发展，在设置分布上也更加趋于合理。到 1956 年时："全国共有高等学校 227 所，在校学生 403176 人（本科 350387 人，专科 52789 人），研究生 4841 人。招收新生 184632人，研究生 2235 人。毕业学生 63214 人，研究生 2349 人。派出国留学生 2401 人，毕业回国 258 人。外国来我国留学生 473 人。共有教职工 139713 人，其中专任教师 58346 人（教授 4558 人，副教授 3337 人，讲师 15573 人，助教 34878 人）。"[1] 高等学校无论从规模、层次、师资力量上都有了很大的提升。同时，公立大学的领导权发生了很大的变化，由中央进行高度集中的领导管理。其结构也发生了深刻变化：从宏观上看，公立大学的类型、层次、学科、布局和形式都得到了重大调整；从微观上看，公立大学的专业、课程、队伍结构都获得了重大改革。公立大学适应了新中国对高等教育发展的总体要求。历史和实践也证明，中国共产党对公立大学的接收和改造是正确的，从实践中获得的成效也是显著的，为我国的教育和科学文化事业的发展奠定了坚实的基础。教育部在接收和改造高等院校的过程中，初步确立了新中国教育制度的基本框架。

第一节　社会主义高等教育的格局基本确立

新中国成立初期的院系调整是我国高等教育改革中的重要历史事件，在我国高等教育史上是空前的。在当时，中国共产党始终把高等教育的改革纳入新民主主义社会的整体发展进行考虑，使我国高等工科教育基本上建成了机械、电机、土木、化工等较为齐全的体系。这保证了当时我国为建设自己独立的工业体系和发展教育事业对专门人才和师资力量的需求，从根本上促进了我国高等教育的快速发展。通过这次院系调整，高等教育的总体规模、教学科研水平都有了很大提升。

从表 4-1 可见，1947 年是国民党政府统治时期高校规模发展最大的一年，但高等学校的规模仍相对较小。在中国共产党对旧公立大学进行接收后，在七年的时间里，高等学校的规模得到了迅速提升，特别是 3000 人及以上规模的高等学校数量在逐年攀升，保证了大规模人才培养的需要。随着学校规模的扩大，高等学校培养学生的人数和质量都在进一步提升。随着学校规模的扩大，学生比例的不断增加，人才的层次比例也更加合理：1949 年，我国研究生招生数仅有 242 人，毕业生人数仅有 107 人。新中国经济社会的发展急需大量人才投入建设中，这一规模根本无法满足国家建设对高层次人才的需要。随着对高等学校的调整和改造，公立大学的办学水平和研究生招生人数也在不断提升。

---

① 刘光：《新中国高等教育大事记》（1949—1987），东北师范大学出版社 1990 年版，第 116 页。

表 4－1　1947—1956 年高等学校规模对比表① 　　　单位：所

年份	学校数	300 人及以下	301 至500 人	501 人至1000 人	1000 至1500 人	1501 人至2000 人	2001 人至3000 人	3001 人至4000 人	4001 人至5000 人	5001 人及以上
1947	207	82	30	44	22	13	10	3	2	1
1952	201	50	36	45	27	20	13	8	1	1
1953	181	32	35	44	28	18	22	6	4	2
1956	227	27	8	49	27	35	49	11	10	11

从表 4－2 可见，在七年的时间里，高等学校研究生毕业生的人数是 1949 年近 22 倍，高端技术人才的规模有了显著提升。虽然这一数字远不能满足国家对高层次人才的需求，但在当时对于刚刚起步的新中国高等教育事业来说已经是很大的成绩。总体而言，新中国成立初期的院系调整是顺应当时社会发展需要的，奠定了新中国高等教育的基本格局，并在实践的过程中取得了良好的效果。经过这次院系调整之后，私立高等学校全部收归国有，变成公立大学。至此，新中国成立之前所形成的公立与私立两个高等学校的系统被单一的公立系统代替，在当时从根本上改变了我国高等学校教育性质不一致、管理不统一的问题，高校资源得以合理利用，高校布局趋于合理。通过调整全国各地区都有一定数量的公立大学，高等学校的整体实力得以增强。

表 4－2　研究生招生数、毕业生数及在校生数② 　　　单位：人

年份	招生数	毕业生数	在校生数
1949 年	242	107	629
1950 年	874	159	1261
1952 年	1785	627	2763
1953 年	2887	1177	4249
1956 年	2235	2349	4841

一、院系调整满足了经济社会发展对人才的需要

按照国家建设的整体需要，通过院系调整，高等教育的结构发生了重大变化，在学校类型、层次、地域分布上面都较以前更为合理。在总结新中国成立五年来高

① 中华人民共和国教育部计划财务司：《中国教育成就　统计资料（1949—1983）》，人民教育出版社 1984 年版，第 52 页。
② 中华人民共和国教育部：《三十年全国教育统计资料 1949—1978 年》，中华人民共和国教育部 1979 年版，第 93 页。

等教育改革的成绩时，时任教育部部长马叙伦再一次肯定了院系调整工作的重要意义："中央人民政府于1952年暑假进行了大规模的院系调整工作，依据苏联高等学校制度，从庞杂纷乱的旧大学中取消院的一级，调整出工、农、医、师范、政法、财经等系科独立建院或与原有同类学院合并集中，……根本改变了旧的高等学校设置混乱、系科重叠、教学脱离实际的状况，而使学校系科专业设置成为新型而有效地为国家经济建设服务。"① 特别是根据国家工业建设的需要和各院系的实际情况，做了整体调整，并明确规定了各院系的任务、分工和发展方向，设置了一些培养目标较为明确的专业。1952年调整之后，公立大学共设置了100种本科专业和70种专科专业，随着国家大规模工业化建设对工科人才的要求，适当补充和增加工科专业数量。公立大学专业设置日趋完善，更加适应新中国人才培养的要求。到1955年，新的一轮调整工作后，根据国家建设的需要，高等学校设置专业的数目更进一步增加（见表4-3所列）。除工科专业数有很大程度提升外，农科、理科、文科、体育等专业的数量也有一定的增加。

表4-3　1955—1956年高等学校设置专业数②　　　　单位：种

年份	合计	工科	农科	林科	医药	师范	文科	理科	财经	政法	体育
1955年	249	137	4	5	15	25	15	14	2	1	13
1956年	313	181	6	5	15	26	18	17	2	1	22

同时，院系调整有助于工科院校与相关工业部门的密切联系，也有助于结合实际需要培养人才。"1949年工科在校学生32320人，1952年为66583人，1956年达到149360人。"③ 其中，1956年"本科及专科中工科学生中本科143757人，专科5603人，占全部学生总数的37%（而1949年仅为26%），同时工业院校由1949年的28所跃升为1956年的48所"④。这在一定程度上缓解了工业建设中人才培养的供需矛盾，为国家大规模经济建设和工业化发展提供了人才保障。工科类专业人才的培养根据国家工业化建设的实际需要也变得更具专门化，地质、矿业、动力等工科类毕业生人数逐年攀升。在新中国成立后的几年时间里，工科类人才的毕业生也在源源不断地补充到相关部门。（见表4-4所列）

① 马叙伦：《五年来新中国的高等教育》，《人民教育》1954年第10期。
② 中华人民共和国教育部计划财务司：《中国教育成就　统计资料（1949—1983）》，人民教育出版社1984年版，第53页。
③ 中华人民共和国教育部计划财务司：《中国教育成就　统计资料（1949—1983）》，人民教育出版社1984年版，第54页。
④ 中华人民共和国教育部计划财务司：《中国教育成就　统计资料（1949—1983）》，人民教育出版社1984年版，第56，62，51页。

表 4-4　1953 年—1956 年工科类毕业生数① 单位：人

年份	地质	矿业	动力	冶金	机械	电机和电气仪器	化工	粮食食品	测绘水文	土木建筑工程	运输	通信
1953	596	945	1659	466	2515	398	1331	167	254	4187	371	446
1954	2745	986	921	138	2850	66	591	113	685	4160	990	437
1955	1752	1480	1539	548	3791	316	1066	68	412	5054	585	189
1956	2701	1918	1580	832	4723	345	921	83	550	6076	492	267

从表 4-4 中可以看出，1953 年的院系调整促使我国高等教育纳入了国民经济发展计划之中，公立大学在机械、化工、土木、矿冶等工科专业设置方面趋于齐全。这些专业人才的培养力求与国家工业化建设的需要相适应，特别是保证重工业、国防工业以及与此有着密切相关的地质、建筑等技术人才的供应。这些优秀技术人才和干部在工业化建设中发挥了重要作用，进而推动了新中国经济社会的大力发展。特别是首都北京通过院系调整和设置大量新的专业，从根本上改变了旧大学那些院系庞杂且重复、培养目标不明确、工科比重较小的问题。截至 1959 年，院校调整后的北京"工科院校二十二所，包括从地质、矿业、冶金、化工、机械、航空、铁道、邮电，直到建筑、轻工业、纺织的各类专门学院"②，保证了首都工业化建设对高级人才的需要。

师范类高校的建设也在适当增强。这保证了我国为建立自己国家独立的工业体系，以及高等教育发展对专门人才和师资的要求。而高等师范院校的独立设置，保证了我国基础教育的发展，对发展师范教育、普及初等教育都有积极的推动作用。截至 1956 年"全国高等师范学校在校学生数已达 60657 人，较解放初期（1949 年）发展了四倍，较 1953 年（第一次全国高师会议时）发展了将近一倍。学生中工农成分增加到 33%。……现在高等师范院校共 40 所，（未计新疆学院师范部、延边大学师范学院）和第一次全国高师会议时相比，发展了 11 所"③。同时，在 1949 年时，"师范类毕业生仅有 1890 人，到 1956 年毕业生数达到了 17243 人"④。七年时间，毕业生增长 9 倍多，有效地缓解了师范人才匮乏的问题。特别是通过院系调整，

① 中华人民共和国教育部计划财务司：《中国教育成就　统计资料（1949—1983）》，人民教育出版社 1984 年版，第 90-91 页。

② 《市委大学部关于首都高等教育、中等教育十年来的成就》，北京市档案馆，档案号：001-022-00393。

③ 《当代中国》丛书教育卷编辑室：《当代中国高等师范教育资料选》（上），华东师范大学出版社 1986 年版，第 137 页。

④ 《中国教育年鉴》编辑部：《中国教育年鉴》（1949—1981），中国大百科出版社 1984 年版，第 971 页。

我国公立师范类院校从根本上保证了师资人才的持续供给，满足了新民主主义和社会主义文化建设的需要，推动了我国高等师范教育的发展。

总体而言，新中国的院系调整将高等学校调整为任务分工明确的综合性大学、工业院校、师范院校、农林院校、医药卫生院校、财经院校、政法院校、艺术院校、语言院校、体育院校和少数民族院校。当时的高等教育部对高等院校的教学工作实行统一集中领导。调整后的综合大学和各类的专门学院也基本上明确地成了新型高等学校，可以更加集中力量，做好教学工作。新中国的公立高等学校逐步适应了新中国经济社会，特别是教育发展的要求，根据各自性质和任务实现自身发展，逐步确立起了新中国高等教育的基本格局。

二、资源有效整合促进了办学效益的提升

公立大学的经费主要来源于政府财政的拨付，用以保证大学各项工作的正常运转。新中国成立后，党和政府在恢复经济和生产的同时，着力增加对公立大学的经费投入和教学资源的整合和利用。院系调整的一个目的就是通过合并，将分散的教学设备和师资力量合并起来。通过院系调整，高校设备资源都提升了利用率，在国家大规模经济建设过程中节约了不少资源。例如在院系调整之前，上海地区交通大学、同济大学、复旦大学等高等学校"共有电力实验仪器7.85套，各校都觉得不够用，院系调整后，设备随系调并，物力集中，虽然新生增加很多，结果除同济、交大需用4.5套这类仪器外，上海尚有3.35套仪器可以支援外地学校"①。教学上的许多设备在院系合并后实现了物力的相对集中，除了设备以外，一些高校的图书馆藏书之类的资源搁置无用，而其他一些高校却需要不断购置，通过调整可以使这些资源在高校间合理配置和运用。这样不仅使设备得到了较高的利用，还为国家减轻了财政负担，保证国家大规模的经济建设过程中对已有资源的利用。这一目标的基本实现，学校的平均规模也由此有所扩大。各院校的领导干部和政治干部进行统一配备，领导力量得到了加强，更有利于办学效益的提高。

三、合理的布局增强了高校的整体实力

新中国成立之前，高等学校的分布是极不合理的。在沿海地区，特别是沿海的几个大城市出现高等学校相对集中的现象，而在内地和偏远地区分布较少。院系调整的另一个重要目标就是改变新中国成立前长期存在的公立大学分布不合理的状态，主要的是将集中在沿海大中城市的公立大学分散到内地去，促进内地高等教育的均衡发展。华东区的中心城市上海在新中国成立前是文化发达地区，集中了大量的高

---

① 苏渭昌：《五十年代的院系调整》，《高等教育研究》1989年第4期。

等院校，但高等学校的发展水平有所不同。通过院系调整后，实现了高等学校的均衡发展，华东区的高等学校数量减少最多。1949 年，华东地区共有高等学校 74 所；1953 年，减少到 50 所。而高校和在校学生数增加最多的是华北和东北地区，"1949 年华北地区高等学校数为 27 所，1953 年增加到 39 所；1949 年东北地区高等学校为 20 所，1953 年增加到 25 所"[1]，逐步推进了高校地理分布的均衡化。

实际的调整结果与原定的方案有一定的出入。但从表 4-5 中可以看出，在稳步调整工科学校和综合大学的基础上，同时特别注意高等学校专门学院在各地区的分布，认识到地区间高等教育的均衡发展是推动地区经济发展的重要因素。因此，通过院系调整基本上保证偏远地区对高等学校人才发展的需要。特别是 1955—1957 年第二次院系调整，有效地改善了高等院校集中在沿海和大城市而导致的高校地区分布不均匀的问题，促进了内地高等教育的均衡发展，促进各地经济文化建设。特别是通过院系调整和部分高校的西迁，使得我国东西部地区高校的布局趋于合理。由于第一个五年计划期间很大一部分重要项目要建在西北，特别是西安地区，是第一个五年计划的全国重点建设城市之一，党和国家领导人刘少奇、周恩来、朱德等先后到此地考察，苏联援建的 156 项重点建设工程中有 17 项都在西安。因此，充实大西北的高教力量显得特别重要。1955 年，东北工学院、西北工学院、青岛工学院和苏南工业专科学校土建类专业合并成为西安建筑工程学院。1956 年，华东航空学院由南京前往西安，更名为西安航空学院。特别是上海交通大学部分内迁至西安后，使交通大学成为一所服务于新兴科学技术发展和高端制造业，具有示范引领作用的重工业大学。之后，西安高校很快增加到了 14 所，跃列中西部地区的第一位，在很大程度上提升了陕西高等教育实力。至此，绝大多数的省份都有了一所综合性的大学及涵盖工、农、医、师范等的专门学院。

表 4-5　一九五三年全国高等学校院系调整后分布情况表[2]

地区 校数 学校类别	共计	华北	东北	华东	中南	西南	西北	内蒙
共　计	182	38	26	50	33	19	14	2
综合性大学	15	2	1	4	2	2	2	—
多科性高等工业学校	15	3	3	5	2	2	—	—

① ［日］大塚丰著，黄福涛译：《现代中国高等教育的形成》，北京师范大学出版社 1998 年版，第 109 页。

② 《关于一九五三年高等学校院系调整工作的总结报告》，中央人民政府高等教育教育部办公厅：《高等教育文献法令汇编第 1 辑》，1954 年版，第 74 页。

学校类别＼地区＼校数	共计	华北	东北	华东	中南	西南	西北	内蒙
单科性高等工业学校	24	8	3	8	3	2	—	
高等师范学校	31	6	4	8	6	4	2	1
高等农林学校	29	5	4	8	6	2	3	1
高等医药学校	29	4	4	9	9	2	1	
高等政法学校	4	1	—	1	1	1	—	
高等财经学校	7	2	2	1		1	1	
高等艺术学校	15	4	2	4	2	2	1	
高等语文学校	8	2	2	1	—	1	2	
高等体育学校	5	1	—	1	1	1	1	
少数民族高等学校	2	—	1		1		1	

第二节　高等学校师生政治觉悟显著提升

　　知识分子是国家和民族的精神重要力量，他们的思想意识对广大人民群众产生一定的引导作用，他们也是国家建设的重要组成部分。中国共产党历来对知识分子都是十分珍惜和高度重视的，认识到知识分子在国家建设中的重要作用。特别是新中国成立后，革命和建设的发展需要大量的知识分子投身到国家的各项建设事业中，他们是巩固人民民主专政，进行经济文化建设不可或缺的重要力量。高等学校的师生是我国知识分子的重要来源，新中国成立后，原国民党统治区的高校教师也进入中国共产党的领导和改造的范围内。中国共产党通过对高等学校师生进行马克思主义理论学习，使其思想认识和政治觉悟都有了很大提升。通过几年的努力，公立大学党的工作紧紧围绕教学活动展开并取得了一定成绩，党的思想政治工作在高校得以加强，保证了教学水平的稳步提升，师生在实践中表现出工作和学习的极大积极性，为新中国高等教育事业做出了重要的贡献。

一、教师党、团员人数显著提升，政治觉悟显著提高

　　教师的思想改造有助于提升教师政治思想认识，提升为人民服务的本领和意识。七年间，高等学校教师的人数不断增加，教师队伍的政治水平和业务水平都有很大

的提高。旧有高等学校的教师受到国民党腐朽落后思想的影响，存在着个人名位观念和严重的自由主义思想，容易出现自傲清高、脱离人民群众、忽视组织纪律的问题，特别是资产阶级思想对教师的学术研究产生了很大影响。新中国成立后，由于中国共产党一贯坚持执行团结、教育改造知识分子的方针，高校教师"经过文件的学习，对于国内外形势初步认识之后，有的才豁然开朗，大有'山中方七日，世上已千年'之感。才理会到以前自己的顽固守旧的僻性，拘守成规的僻性……现在，对于新社会的认识进一步加深以后，对于思想改造的要求也就愈加迫切了"[①]。教师在思想改造的学习中，通过批评与自我批评的方式学会深刻地剖析自我，获得进步。思想改造不是一蹴而就的事情，虽然大部分教师在接受改造学习后，思想认识有了很大提升，但对党的认识还不是特别深刻，还需进一步加强马克思、列宁主义的学习和壮大党组织的力量。高校要有一个坚强的党组织，就需要在教师中拥有足够数量的优秀党员，才能保证公立大学根本改革和适应国家建设的需要。因此，思想改造学习是在不影响教学工作的情况下，同步进行的。几年间，通过对高等学校教师的思想改造运动，学校中封建、买办、法西斯主义反动思想得到了很好的遏制，腐朽的资产阶级思想受到了严格的批判。全体教师的政治觉悟有了很大提高，教师党员的人数也在逐年增加。以北京市为例，1956 年 10 月，北京市三十所高等学校中党员教授、副教授 165 人，占全体教授、副教授的 13.2%，其中不少知名的老学者、教育家都加入中国共产党，例如清华大学的副校长刘仙洲、著名教授梁思成；北京大学校长周培源，北京师范大学校长陈垣等都先后入党（见表 4-6 所列）。老教师们广泛参加实际建设，对国家做出了不小的贡献，业务水平也有了很大的提高。

表 4-6　1956 年 10 月北京市全部高校基本情况调查表[②]　　单位：人

项　目	教　员					
	小计	教授	副教授	讲师	助教	教员
总人数	11093	746	497	2536	6802	512
党员数	2477	78	87	611	1468	233
党员占总人数的%	22.3	10.5	17.4	24.2	21.7	45.5
团员数	3896			403	3423	70

工人阶级思想的领导地位在高等学校中得以初步确立，为高等学校各项改革工作发展扫清了思想上障碍，奠定了思想基础。国家同时通过思想学习和改造运动，

---

① 严景耀：《有系统地学习毛泽东思想来进一步改造思想》，《新建设》1952 年 2 月号，第 8 页。
② 《北京市三十所大学基本情况数字》，北京市档案馆，档号：015-001-00138。

使得公立大学教师对马克思、列宁主义思想在指导教学的过程中有了更好的认识。在过去的教学里，部分教师有着浓厚的教条主义习气，习惯于抠教条。因此，思想改造的过程特别注意引导教师理论与实际结合，纠正教条式的不正确联系实际的偏向，防止急于求成，稳步地解决实际工作中的问题。通过理论学习，高校中的很多教师逐渐体会到了马克思列宁主义在提高思想认识、指导实际工作中的重要价值，在学习中能够把握真理，展开独立思考，积极进取的精神风貌蔚然成风，为提高教学质量打下了基础。甚至研究自然科学的教师也开始认识到马克思、列宁主义是学习研究的基础，认识到任何一门自然科学的工作者都需要学好马克思、列宁主义。

思想改造后也促使教师的家庭环境出现了新的气象，"封建的家长统治式的或资产阶级的虚伪的家庭关系一般被打碎了，代之而起的是革命的民主的家庭关系，家属们在这一次运动中也受到很大的教育"①。在良好的氛围下，教师们整体认识上有了很大的提升，教师更加积极主动地响应组织号召，参加各种活动，启发了主人翁的精神。特别是通过对教师队伍政治上和思想上的集中清理，壮大了教师的积极力量，增强了广大教师为人民服务的思想，明确了教师的前进方向，也为人民教师队伍的建设奠定了坚实的基础。

二、学生党、团员人数逐年递增，自觉服从组织毕业分配

新中国的成立标志着中国社会政治制度的根本性转变，社会制度在文化教育领域的重大影响就是改革增添了政治性的因素，其实践中则体现在对公立大学政治理论的学习和思想教育上。中国共产党在对公立大学接收和改造的过程中，十分注重加强学生思想教育，通过开展马克思列宁主义理论的学习，进行了学生们的思想改造。如前所述，党和政府在接管了旧的公立高等学校后随即开设了马克思列宁主义的革命政治课程，确定将《新民主主义论》（后改为《中国革命史》）、《政治经济学》《辩证唯物论与历史唯物论》三门课程作为高等学校必修课程，使学生对马克思主义理论及中国革命道路有了正确的认识。开设政治理论课是中国共产党在解放区高等学校的一个传统，是提升学生思想认识的重要渠道。其目的是通过学习使学生改造旧思想、树立革命的人生观，同时也为教学改革打下良好的基础。这一过程使学生们更加重视政治课的学习，绝大多数党团员也都能够把政治课当作党课、团课一样来学习。特别是1952年大规模的院系调整之后，各校学生的政治理论教育已经有了相当大的发展，大多数学生都非常重视政治理论课的学习。以北京为例，除了中国人民大学开设了中国革命史、马克思列宁主义基础、政治经济学、

---

① 《北京交通大学（铁道学院）思想改造、反对资产阶级思想运动中教师、学生工作总结》，北京市档案馆，档案号：001-012-00113。

哲学等四门课程外，其他高校都已经开设了两到三门的政治课，绝大多数的学生都参加了政治课的学习。经过系统、全面地学习后，学生们对马克思主义理论有了全面的认识，对学生树立正确的人生观和价值观有极大的帮助。此外，学生在学习和日常生活中，加强了热爱祖国、热爱劳动、热爱专业的思想教育。通过政治课、时事政策教育，以及各种形式的社会改革运动，高等学校的学生获得了锻炼，学生们的思想认识有了极大的提升，从而确立了为人民服务和为新中国建设而学习的观念。

　　思想改造后的公立大学出现了一片新的气象。新中国成立后，党和政府坚持不懈地用先进的马克思、列宁主义教育和引导青年大学生，在学习的过程中，学生们的思想认识有了很大提升。新中国宏伟的建设事业，劳动人民和革命先辈为国家英勇奋斗的事迹激发了学生们的爱国热忱，促使其政治觉悟显著提升，积极向党组织靠拢，普遍要求入团入党。以北京市高校为例，每年都有计划地积极发展新党员和团员，不断增加高等学校中党团员数量。截至1956年，"北京市包括清华、北大、人大在内的三十所高等学校中共有党员14350人、团员50829人，学生中党员占总数的17.6%；研究生党员870人，团员1092人，党员占总人数的41.8%"①。通过思想学习运动，高校逐年增加高等学校的入党、入团人数。特别是团员人数在学生中增加得更为显著，1956年在对400990名学生进行政治情况的调查，"共产党员人数为34402人，占调查人数的8.6%；共青团员人数为229726，占调查人数的57.3%"②。党、团组织的逐步壮大促使学生们通过更多方式学习政治理论，提升自身政治思想水平，公立大学的学生思想政治教育工作有了显著提升。过去个人主义思想在学生中间有一定影响，而中国共产党是要求个人利益服从于集体和人民利益的党。随着社会主义建设的到来，尤其是党课的教学特别注意"抓紧爱国主义、共产主义的教育，培养积极分子的集体主义品质"③。通过热爱祖国和忠诚于共产主义事业的引导和教育，使学生们真正认识到为共产主义事业奋斗是极其正确和光荣的事情，并增强自身使命感和责任感。

　　因而，通过政治理论课和党、团课程的学习，公立大学的学生们政治觉悟有了很大提升，认识到极端个人主义思想的错误性，决心为党和人民的事业奋斗终身，集体意识和责任感得以增强。为了国家建设需要，中央人民政府政务院决定自1951年暑假起，全国公私立高等学校（除革命大学、军政大学和由各业务部门直接领导的学校）毕业生一律由中央人民政府人事部、教育部统一负责分配工作，这些思想

---

① 《北京市三十所大学基本情况数字》，北京市档案馆，档案号：015-001-00138。
② 中华人民共和国教育部：《三十年全国教育统计资料1949—1978年》，中华人民共和国教育部1979年版，第86页。
③ 陈大白：《北京高等教育文献资料选编（1949—1976）》，首都师范大学出版社2002年版，第165页。

在工作分配中就得到了很好体现。大多数学生在毕业分配时，都能从大局出发，个人利益服从于集体利益，服从统一分配，愉快地走上工作岗位。"山东农学院、北京大学工学院、安徽大学、河南大学、北京农业大学等校本届毕业生，都表示要无条件地服从祖国的统一分配。北京大学工学院一群学生在写给毛主席的信里说：'毛主席，您要我们到那里就到那里，祖国要我们到那里就到那里！'"。[1] 这集中表现出了学生们对祖国和人民领袖的深厚情感，以及为国家建设事业的奉献精神。特别是在国家开展大规模经济建设时期，毕业生们以能够为参加国家经济建设而感到自豪，都希望到祖国最需要的岗位上去。1953 年，清华大学"暑假毕业的机械制造、汽车等十六个专业、六个专修科的六百七十三名学生，以愉快的心情纷纷向学校行政和共产党、青年团的组织保证要无条件地服从分配，依照祖国的需要，走到各个建设岗位上去"[2]。他们积极认真地开展工作，全心全意为人民服务，在随后的新中国科技、文化、教育等各个行业中发挥了重要的作用。20 世纪六七十年代，我国科学技术取得了巨大成就，一大批优秀的科技工作者投身新中国的伟大建设中，他们中间的很多人都是新中国高等教育培养出来的优秀青年人才。从 1966 年 10 月我国首次成功发射导弹的核武器试验，到 1967 年 6 月第一颗氢弹的爆炸，再到 1970 年 4 月第一颗人造地球卫星的发射，每一次的成功背后都有无数思想觉悟高，热爱祖国和人民的科技人才默默无闻地无私奉献。

三、工农成分的大学生数量增加，积极拥护党的领导

教育为工农开门的方针是中国共产党领导的教育事业的显著特征。中国共产党通过改造旧有公立大学吸收了大量工农成分的大学生，他们积极拥护党的领导，为社会主义新中国建设发挥了重要作用。这次改造吸收和借鉴了老解放区的经验，并在苏联高等教育经验的指导下，在实践中真正地贯彻和执行了高等教育为工农开门的方针。新中国在成立后不久就创办了中国人民大学，主要吸收工农干部，在苏联先进经验指导下，成为新中国培养国家建设干部的新型学校。中国人民大学附设的工农速成中学是新中国第一所培养工农出身新型知识分子的学校，1950 年 4 月成立，几年来"新型的知识分子的队伍在扩大之中。1950 年，全校同学只有 116 名，今年，除毕业班 97 名同学不算，全校新旧生已达到 900 多人。新生的名字里，有全国文明的劳动模范郝建秀、行佩兰"[3]。这些优秀的劳动模范是从人民中走出来的，是时代的楷模，也是代表着工人和农民享有更多受教育的权利。党中央和中央人民政府通过这些方式促进工农知识分子获得更多教育的机会，从中学

---

① 《毕业同学们，服从统一分配，参加国家建设！》，《人民日报》1951 年 7 月 11 日，第 1 版。
② 《清华大学毕业生表示要到祖国最需要去的岗位上去》，《人民日报》1953 年 7 月 22 日，第 3 版。
③ 蔚明：《访人民大学附设工农速成中学》，《新建设》1956 年 2 月号。

跨进他们梦寐以求的大学校门，工农知识分子的队伍逐步壮大起来。除此之外，华东师范大学、北京农业大学、天津大学等一批公立大学通过院校合并成立，招收了具备基本条件的工农干部和产业工人以及青年学生等，从而培养国家建设所需的各项专门人才，造就工农出身的知识分子。同时全国各地创办了许多工农速成中学，接收具有一定年限的革命干部和产业工人，采取速成办法，在完成中学课程后毕业直接升入高等学校。由于这些积极的举措，"过去很少能够进入高等学校的工农子弟，现在高等学校学生中已占到一定的比重，在若干大城市中已经占到20%左右，而就全国高等学校来说，已经占到34.1%"[1]。不仅工农子弟，工农干部和"老"干部等都占据一定的比例，而且一年级新生中的工农学生数也逐年递增。（见表4-7所列）

表4-7　工农成份学生数[2]　　　　　　　　单位：人

	调查的学生	其中：工农成分学生数				
		工人及工人子弟	农民及农民子弟	工农干部及"老"干部	合计	
					人数	占调查学生的百分比（%）
学生数：1952年	187263	7437	30859	…	38296	20.5
1953年	218698	10935	37039	…	47974	21.9
1955年	292429	18808	52198	13739	84745	29.0
1956年	407482	30338	90400	18225	138963	34.1
其中：一年级新生 1953年	78181	4957	16455	…	21412	27.4
1955年	97838	7756	22234	4877	34867	35.6
1956年	183282	13359	45720	8176	67255	6.7

　　从表中可以看出，通过改革使得工农阶级同等享有受教育的权利，随着生活的不断改善，工农成分的学生在公立大学中的比重逐步增加，真正地体现了新中国高等教育的发展方向和办学定位。旧有公立大学的学生有一部分是资产阶级家庭出身，他们脱离工农劳动群体，眼高手低，无法真正同工农群众联系在一起。而新中国公立大学所接收的这些大学生群体是与我们有着血肉联系的工人和农民，他们对中国

　　① 杨秀峰：《坚持学习苏联的方针》，《人民日报》1957年11月6日，第7版。
　　② 中华人民共和国教育部：《三十年全国教育统计资料1949—1978年》，中华人民共和国教育部1979年版，第85页。

共产党有着强烈的认同和情感，认同和拥护中国共产党的执政方针和政策，因此有着较高的政治觉悟。他们是高等学校群体中的新鲜血液，也是新中国各项事业的建设者。他们拥护中国共产党的领导，积极投身社会生产劳动实践中，为新中国建设发展做出了巨大贡献。

第三节　教育教学改革取得新的成果

我国公立大学的教育教学改革在学习苏联成功经验的基础上获得了很大成功。"学习苏联教育先进经验，进行教学改革，是中国高等教育的一次革命。"[①] 在当时，苏联先进的教学方针、教育制度、培养目标、专业设置以及教学方法等等都对中国高等教育教学改革产生了深刻的影响。通过学习苏联高等学校的教育教学改革方法，使公立大学逐步建立起了全新的教育教学体系，建立了较为系统的教学内容、教学方法和教学组织形式。改革促使公立大学的教育、教学和学术研究水平都有了不同程度的提高，高等学校的教学内容更加适应国家各项建设需要，并在实践的培养过程中培育和造就了一批具有教学理论素养和教学经验的教学骨干，进一步提高了我国公立大学人才培养的质量。1956年5月，高等教育部制定的《中华人民共和国高等学校章程草案》，将改革的经验通过法令的形式作了规定，该章程草案的制定标志着新中国高等教育制度的基本确立。

一、构建符合新中国人才培养需要的教学体系

公立大学的教学改革是新中国在成立后，高等教育改革的一项重要内容。中国共产党取得执政党地位后，直接领导了这场教学改革工作。其基本原则是取消国民党统治时期的反动课程，加强马列主义课程，逐步改造其他课程。按照这一原则要求，公立大学建设的方针和基本任务是要加强思想政治教育，把系统地进行马克思列宁主义、毛泽东思想的学习贯彻到教学业务中，把课程改革与服务于工农及生产建设联系起来，使之与社会主义制度相适应。列宁曾指出："没有年轻一代的教育和生产劳动的结合，未来社会的理想是不能想象的：无论是脱离生产劳动的教学和教育，或是没有同时进行教学和教育的生产劳动，都不能达到现代技术水平和科学知识现状所要求的高度。"[②] 因此在当时，教学改革的根本目的是摒弃旧有课程中那些"学非所用"，脱离社会生产实际的内容，以及腐朽落后的教学方法。根据新中

---

① 马叙伦：《高等教育的方针、任务问题》，《人民教育》1953年第4期。
② 列宁：《列宁全集》第2卷，人民出版社1984年10月第2版，第461页。

国经济社会，特别是过渡时期总路线对工业生产建设的要求，培养既有理论认识，又能从事劳动生产的专门人才，满足国家生产和建设对人才的需要。在中央的统一决策和部署下，公立大学展开了积极有效的教学改革工作，通过改革高等学校的教学方法、教学内容等，使得高校课程设置更加合理，在理论联系实际的基础上培养新中国各项事业的建设者。

一方面，教学改革强化了马克思列宁主义等政治理论课程内容的学习，高等学校学生对新中国的政权性质有了更深层次的认识，进一步肃清了封建的、买办的、法西斯主义的思想，自觉提升了为人民服务的思想意识。特别是马克思主义理论课程在高校的设立和发展，贯彻了党在过渡时期的总路线，回应了国家建设的号召和需要，奠定了高校思想政治工作的基础。另一方面，公立大学教学改革摒弃旧有教材中不合时宜的内容，根据国家建设的实际需要，适当精简了专业课程。通过学习当时世界上较为先进的苏联教学方法和教材内容，保证学生特别是工科学生掌握先进的知识和专业技能，以及进行实践操作的能力。例如多科性工业大学——天津大学在当时就运用了"反映世界科学技术最新成就和祖国文化遗产以及反映社会主义建设中丰富经验的新课本代替旧教材。从 1952 年开始天津大学采用苏联教材，到 1953 年全校课程中采用的苏联教材已经达到 70% 以上"[1]。在教材安排和教学内容的要求上，高等院校逐步满足了国家进行工业化建设过程中对专门人才的需要。综合性大学也更加注重理论与实际的统一，教材讲授内容与中国实际的统一。1956 年3 月 31 日，高等教育部发出的《关于一九五六到一九五七年组织编写综合大学数学、物理、化学、生物各专业教科书的通知》中提出综合大学教材编写的原则："内容和体系，必须以教学大纲为依据；必须以马列主义为理论基础，贯彻爱国主义思想，阐明我国科学家对该项科学的贡献；批判各种非马克思主义的，特别是唯心主义的观点和理论；必须反映现代科学的最新成就；必须贯彻理论与实践统一的要求，充分反映我国社会主义建设的成就，尽量利用我国的资料举例；必须是论点明确、文字生动、使学生易于理解。"[2] 这样培养出来的人才才能更好地了解中国发展的实际，全力投身于社会主义建设的事业中。教材的修订也真正实现了通过课程改革和专业教育，引导学生在学有所成后积极投身到社会主义各项建设事业中来，保证了高等教育发展为国家建设服务的根本任务。

二、建设配比合理的高校师资队伍

教师是高等学校重要组成部分，也是教学工作顺利开展的关键。新中国成立后，

---

① 李义丹：《天津大学（北洋大学）校史简编》，天津大学出版社 2002 年版，第 58 页。
② 刘光：《新中国高等教育大事记》（1949—1987），东北师范大学出版社 1990 年版，第 103 页。

除去个别极其反动的教师外，国家对原有高等学校的教师采取"包下来"的政策进行接收和改造，有计划、有步骤地补充高等学校教师队伍。广大教师在七年时间里通过思想改造和各种政治运动和社会改革的实践，思想政治觉悟有了显著提升，在教学、科研的实践中业务能力有了很大提高。经过院系调整和课程改革，国家按照"全国一盘棋"的思路对高等学校原有的人力、物力、财力等资源进行了合理配置，在全国办学条件有所限制的条件下，对原有高校师资力量进行了整合利用，避免了资源的浪费，保证了资源的合理利用，解决了师资不足的问题。随着高等学校规模的提升，在校生人数不断增加，需要更多的教师补充到师资队伍里。根据学校发展要求，分职称的专任教师数逐年增加。

从表4-8可以看出，自新中国成立后党和政府迅速有效地接管了旧有的公立大学，并对其教师进行了思想改造和学习工作，在学习和革命实践中使高校教师的思想认识了有了显著提升。在新中国公立大学的教师队伍中，大部分都是思想先进、拥护党的领导，服务于人民教育事业的。同时，党中央和中央人民政府还不断地补充和培训了一批优秀的教师补充到教师岗位上。从1949年新中国成立到1956年，高校教师的人数增加了3.4倍，各类职称的专任教师的数量都有不同程度的提升，各类职称的教师所占的比例更加平衡，保证了师资结构的合理性。

表4-8　分职称的专任教师数①　　　　　　　　　单位：人

年份	合计	教授	副教授	讲师	教员	助教
1947	16940	6816	2514	3426		4184
1949	16059	4785	2168	3742		5364
1952	27089	5223	2939	6923		12004
1956	58346	4558	3337	15573		34878

根据学生发展要求，师资分配的比例也更加合理。院系调整后的新学期，各高校总体学生人数有所增加，但是教师增长的数额远远赶不上学生人数的增加，明显无法满足相应比例。例如1952年山东大学经过院系调整，成为中央教育部直接领导的、以文理为主的综合性大学，它"在1952年调整前师生比是1∶6.5，调整后的第一学期增加了33%的学生，师生比为1∶9.2，教学效益显著提高"②。在当时，全国不少公立大学都通过合理调配教师资源用于各专业中，例如通过"校与校、地

---

① 教育部计划财务司：《中国教育成就　统计资料（1949—1983）》，人民教育出版社1984年版，第102页。

② 王红岩：《20世纪50年代中国高等学校院系调整的历史考察》，高等教育出版社2004年版，第250页。

区与地区之间，也可合理地进行调整，做到人尽其才，克服劳逸不均的现象"①，也保证了教师配备比例的提升，教学效率也因此有所提高。

从表4-9中可以看出，高等学校的教师中平均每一位高校教师负担学生的比例日趋合理，教师的负担减轻，才能更好地投入到教学中，提升教学质量。因此，随着公立大学规模的扩大，为保证师资力量配比满足培养人才的需要，增强高等学校师资队伍的数量和质量，一方面，国家不断增加高等学校教师的数量；另一方面，还通过多种方式培养了大批高等院校的教师，建立起高校教师的进修制度。各公立大学还择优选取了本科生留校做助教，并从中等学校中选拔一部分优秀教师到高校任教用以扩大高校教师队伍，满足师资比例要求。1949年，高等学校专任教师人数为"16059人，到1956年增加至58346人"②，在七年的时间里，高等学校的专任教师人数增长了3.6倍。青年教师是高等学校的新鲜血液，是高等学校发展的重要力量，因此在对旧有高校教师进行改造的过程中，学校还特别注重青年师资力量的培养，促进青年教师队伍的成长和发展。以最早开始改造的清华大学为例，"在1953年初全校有教师425人，其中教授、副教授98人，讲师、助教327人；到1956年1月共有教师833人，其中教授、副教授103人，讲师202人，助教528人。讲师增长了约三倍，助教增长了两倍多。助教和讲师共占有现有教师人数的87%强"③。这一增长数据中青年教师的增长比重也有所提升，并在高校课程教学中发挥了极其重要的作用。例如"清华大学一千四百个教师中，青年讲师与助教约一千二百五十人，开课的约四百五十人，为全校教授、副教授、老年讲师一百五十人的三倍，很多过去基础薄弱的课程和不少有关新技术的课程都有青年人开出，几个和尖端科学技术有关的专业，主要是依靠青年教师的力量建立起来的。例如无线电电子学系五个专业和三个专门化的教学任务，现在主要由新中国成立以后成长起来的青年教师负担起来。从1953年开始又接受校外进修人员百人以上。他们还积极参加国家的生产建设工作和科学研究活动。1956年与企业部门合作，建成我国第一座电视中心——北京电视台，参加这项工作的教师，平均年龄不过23岁"④。他们为我国的科技人才的培养发挥了重要作用。

---

① 张健：《略谈全国高等学校师资的培养和提高问题》，《人民教育》1954年第2期。

② 教育部计划财务司：《中国教育成就　统计资料（1949—1983）》，人民教育出版社1984年版，第50页。

③ 清华大学校史研究室：《清华大学史料选编》第六卷（第三分册），清华大学出版社2009年版，第35页。

④ 《首都高等教育十年成就》，北京市档案馆，档号：001-022-00393。

表4-9　平均每一教职工负担的学生数① 单位：人

年份	平均每一位教职工负担学生数	平均每一位教师负担学生数
1947	5.1	9.13
1949	2.53	7.25
1952	2.64	7.06
1957	2.84	6.30

除此以外，党中央和中央人民政府还十分重视公立大学科研及经费的投入，不断加强高等学校内的研究部和研究所的工作来保证师资队伍的培训工作，加强对助教和研究生培训和指导，使其成为高等教师的后备力量。以高等学校中发展条件较好的北京大学为例，"每年拨给各校大量研究经费，清华、北大、师大、北京工业学院的等十三校从1952年以来，七年间研究经费共达六千六百万元，……各校的实验室也得到很大的充实，仅上述十三校七年以来即新建七百八十个规模大，设备新的实验室；中外图书、学术刊物也有很大的增加。解放前的北京大学的图书馆积六十年的经营藏书百万册，是当时中国高等学校藏书最多的图书馆，解放十年来，增加到二百四十万册"②。并且很多高校也逐步设立了更多的专门研究机构，保证科研工作的顺利展开。国民党统治时期，高校经费的投入少得可怜，实验设备陈旧落后，科研工作经常陷入困境。新中国公立大学良好的科研环境激发了高校教师的工作热忱，特别是教师待遇的逐步提升，提供给高等教育良好的教学和科研环境，鼓励教师积极开展科研工作。同一时期，高等学校教职工人数总体也有所增加，保证高等院校教育教学工作的顺利开展，促进高等学校师资队伍质量的整体提升。

三、建立精简合理的高校课程体系

中国共产党领导的新中国公立大学的课程改革总体而言是成功的，在改革的过程中遵循高等教育的发展规律，将精简、调整和加强同步进行，摒弃旧教育中理论脱离实际的课程内容，注重课程改革与教学实际的结合，尽量减少课程数量、提高质量。在课程改革之后，各公立大学适当精简了一些课程，部分课程的讲授时间也适当精简，从而减轻学生负担，使课程内容和人才培养更符合社会的需要。

从表4-10可知，无论文学院、法学院和理工学院的情况都大致类似，通过课程改革公共必修课程的科目有了很大程度的减少，从中体现出新中国课程改革重要目标即对课程的精简。精简并非简单地删减课程，而是注重提升课程内容的质量。在旧有

① 教育部计划财务司：《中国教育成就　统计资料（1949—1983）》，人民教育出版社1984年版，第108页。

② 《首都高等教育十年成就》，北京市档案馆，档号：001-022-00393。

课程体系中，有些不必要的内容，不仅没有达到提高学生知识程度的目的，反而增加了学生的额外负担，影响到学生学习必要课程的时间。特别是随着改革的深入进行，高等教育部于1955年颁布了《关于研究和解决高等工业学校学习负担过重问题的指示》，有步骤、有计划地克服学生学习负担过重现象。"指示要求全体教师认识：学习苏联必须与中国实际相结合，稳步提高教学质量，贯彻全面发展的教育方针。在制定教学文件和具体进行教学工作中必须贯彻'学少一点，学好一点'的原则。"① 教学改革的过程中这些高等院校特别注重教学质量的提升以及学生全面发展和整体素质的提升。"教学中必须贯彻'宁肯少教一些，但要使学生对所学课程的主要章节与原则性的问题能够深入学习和巩固地掌握起来'的原则。对学生课外自学工作的分量和内容加以计划化，来保证整个学期学习的均衡进行。并将学生每周学习总时数控制在五十四小时。"② 这在教学过程中真正地实现了学以致用，理论与实践的统一。

表4－10　1938年和1950年文学院的公共必修课程比较

1938年修订文学院共同必修科目③		1950年文学院公共必修科目④	
科目	规定学分	科目	规定学分
三民主义	4	社会主义发展史	3
伦理学	3	新民主主义论（包括中国新民主主义革命史）	3
国文	6	政治经济学	6
外国文	6	国文与写作	6
中国通史	6	外国文	6-20学分
世界通史	6	中国近代史	6
哲学概论	4	毕业论文或专题报告	2
理则学	3	体育	不计学分
科学概论、普通数学、普通物理学、普通化学、普通生物学、普通心理学、普通地质学、地学通论（选习一种）	6		

① 《高教部关于研究和解决高等工业学校学习负担过重问题的指示（摘要）》，《新华月报》1955年总66-68期，第176页。
② 《高教部关于研究和解决高等工业学校学习负担过重问题的指示（摘要）》，《新华月报》1955年总66-68期，第176页。
③ 教育部教育年鉴编纂委员会：《第二次中国教育年鉴2》，商务印书馆1948年版，第496-497页。
④ 中央人民政府教育部：《高等学校课程草案—文法理工学院各系》，光明日报社1950年，第18页。

（续表）

1938 年修订文学院共同必修科目①		1950 年文学院公共必修科目②	
科目	规定学分	科目	规定学分
社会科学概论、法理学概论、政治学、经济学、社会学（选习一种）	6		
总学分	50	总学分	32—52

　　旧有公立大学在课程的设置上存在"学非所用"的弊端，教条主义倾向严重。而新中国高等教育的主要方针和任务是要培养掌握现代科学知识技能、具有马克思列宁主义世界观的、体魄健全的高级建设人才。过重的课程负担必然妨碍培养任务的实现。通过课程改革加强了过去被忽视的实验、实习、设计等实践性的教学环节，使学生做到了理论与实践的结合，便于学生对理论的全面理解，也有助于培养学生的实践操作能力和应对实际问题的能力。进而保证学生运用正确的学习方法，减轻学习负担。高等学校还要求教师"必须经常关心学生的学习，帮助他们计划学习，不倦地指导他们进行自学，这对于解决学生学习负担过重问题也是有很大作用的"③。这样使学生拥有更多的时间来消化吸收课堂上的内容，合理地安排自学时间，更加积极主动地进行独立思考。例如中国人民大学的学生们对这样的做法非常认同："学生们一致的感觉是：'过去是课程追逐着学生，现在是学生追逐着课程了。'他们精神愉快了，学习深入了，生活也比以前更加活跃起来。"④ 课程改革带来了良好的效果，学生减轻了学业负担，可以把更多时间投入自身的全面发展之中，高校校园生活也由此更加丰富起来。

　　截至 1956 年，中国共产党对公立大学改造工作基本完成，新中国基本确立起了社会主义性质的新型公立大学制度体系。从国民经济的恢复到社会主义三大改造的基本完成，中国经济社会在战争的创伤中逐步恢复和发展起来。与新中国经济建设同步展开的是文化教育领域的建设高潮，文化的繁荣和发展离不了教育领域的改革和高层次人才的培养。新中国高等教育的改革和发展促进了我国文化教育事业的快速发展，也为社会主义高等教育奠定了基础。中国共产党及各级人民政府带领全国各族人民开拓进取，创造性地开启了新中国的高等教育之路，不仅废除了旧有高等教育中不合时宜的内容，保留了其中有用的部分，同时确立了符合新中国政权建设

①　教育部教育年鉴编纂委员会：《第二次中国教育年鉴 2》，商务印书馆 1948 年版，第 496–497 页。
②　中央人民政府教育部：《高等学校课程草案—文法理工学院各系》，光明日报社 1950 年，第 18 页。
③　《高等工业学校应积极解决学生学习负担过重问题》，《新华月报》1955 年总 66–68 期，第 177 页。
④　戴月：《高等学校的教学生活》，《人民日报》1956 年 12 月 7 日，第 7 版。

发展的高等教育制度和内容体系。"共和国的教育实现了两个根本性质的转变，即从半殖民地半封建的教育转变为新民主主义的教育，又从新民主主义教育转变为社会主义教育。"① 它主要新在：为人民服务的新价值导向，马克思主义的新型教育指导思想，以及中国共产党领导的新型管理模式，并促进了新中国公立大学教育教学的全面改革。我国的大学改革作为社会主义制度的有机组成部分，是政府进行治理的重要内容。国家对公立大学实行集中统一的计划管理，使得教育计划与国家的经济计划紧密联系在一起。党在完成对公立大学的接收和改造之后，使公立大学的整体风貌发生了崭新的变化，师生以更加积极向上的精神态度投入到新中国高等教育事业的建设和发展之中。在新中国成立初期，经济社会急剧变革的时代里，中国共产党对高等教育改革和发展没有经验可循，改造的结果势必在日后的实践中显露出一些弊端和不足，但它始终是党在新中国高等教育史上一次积极有益的探索和尝试，基本构建起了新中国公立大学发展的雏形，对新中国公立大学今后的发展有着不可磨灭的贡献。

---

① 方晓东：《中华人民共和国教育史纲》，海南出版社 2002 年版，第 112 页。

第五章 公立大学接收和改造的经验与启示

从 1949 年中华人民共和国成立至 1956 年的这七年时间，是社会主义教育制度初步形成的阶段。在这七年里，以毛泽东同志为核心的老一辈革命家带领中国共产党和全国各族人民，艰苦奋斗、筚路蓝缕，将贫困落后的旧中国改造成为人民的新中国，并顺利地完成了社会主义三大改造，建立了社会主义制度，奠定了新中国各项事业发展的基础。为了充分发挥教育事业，特别是高等教育事业在国家政治生活和经济建设中的积极作用，我国的高等教育在国家的民主改革、经济恢复和为经济建设服务的总方针指导下，创新性地提出坚持"二为"方针，即"教育为工农服务、为生产发展和经济建设服务"，明确了人才培养的目标——社会主义全面发展的人才，开展了一系列大刀阔斧的调整和改革：先是将国民党统治时的旧教育改造为新民主主义教育；然后顺应时代发展，将新民主主义教育发展为社会主义教育。可以说，建立社会主义教育制度是我国教育发展史上的一次历史性的飞跃，为新中国的教育事业改革发展打下了坚实的基础。

特别是 1949 至 1956 年对公立大学的接收和改造过程，是新中国高等教育事业发展史上浓墨重彩的一笔。新中国成立初期，在一穷二白的历史条件下，面对国民党政府旧教育留下来的诸多问题，中国共产党和人民政府通过"维持原有学校，逐步加以必要的与可能的改良"的总方针，运用先接管、接收和接办，然后逐步加以改造的方法，顺利地接管国民党统治区的高等学校，并成功地保留了大批知识分子，特别是一些著名的教授和学者；逐步恢复课堂教学，通过对旧教育的接收和改造使旧中国的高等教育回到人民手中，建设了新型的人民的高等教育，明确了高等教育中党的领导地位。诸如院系调整、学习苏联经验进行课程改革、教学改革等这些举措进一步明确了高等教育的性质、宗旨和任务，规定了我国高等教育的修业年限、教学内容和方法等具体内容。这一方针促使我国高等教育驶入社会主义高等教育的轨道，并在实践中走出了一条具有中国特色的社会主义高等教育道路，意义非凡。这次改革成为新中国高等教育发展的起点，奠定了新中国高等教育制度建设的重要基础。中国共产党在接收和改造公立大学时所确立的一系列指导思想，对后来的中国高等教育发展产生了深远影响。

第一节　公立大学接收与改造的历史经验

新中国成立初期，中国社会面临着百废待兴的历史局面，政治、经济、社会各方面建设皆是废旧立新的过程。对旧教育的全面接收和改造，建立适应新政权建设的高等教育制度，是新中国高等教育建设的迫切需要。1949—1956年，中国共产党顺应时代所需，适时地开展了对公立大学的接收和改造，奠定了我国高等教育体系的基本框架。中国共产党人在百业待举的历史局面下坚持探索和实践，并积累了丰富的经验。笔者总结这场改革的基本经验，目的是从中得出规律性的认识，为中国特色社会主义高等教育提供历史借鉴，指导当前和今后高等教育改革和发展朝向更加科学、正确的方向前进，这其中最为关键的是坚持中国共产党的正确领导。正是因为有了中国共产党的领导，中国共产党关于社会主义建设和社会主义改造时期总路线的指引，以及中国共产党制定的关于高等教育改革的各项方针政策指导，新中国对旧有公立大学的接收和改造才得以顺利完成。

一、中国共产党的领导是公立大学顺利完成改造的关键

新中国成立初期，久经战争创伤的旧中国文化教育事业相对落后，文盲人数占绝大多数，积贫积弱的旧中国缺乏足够的经费用于发展教育事业，在当时我国高等教育的规模、层次相当薄弱。教育是国之大计、党之大计。高等教育事业是党和国家事业的重要组成部分，我国高等教育的性质、规模和质量的发展状况与党的领导紧密关联。在一个相对落后的农业大国办教育困难重重，如何对待旧教育、旧学校，如何建设适合自己国情的新型高等教育，这是一个十分重大的理论和实践问题。中国共产党是新中国各项事业的领导者，肩负着打破旧制度、建设新中国的重要使命。中国共产党却在这样充满荆棘的道路上，筚路蓝缕，开展了创造性的工作，积累了相对丰富的经验。特别是长期的新民主主义革命实践，以及根据地文化教育建设的实践经验，使共产党对中国国情及中国高等教育实践有着较为充分的认识，能对高等教育建设制定及时、正确的方针政策。对于旧教育制度的改革，中国共产党主要抓两项改造："一是将教育事业从过去掌握在少数人的手里，改造为广大劳动人民

服务；二是推动教育事业从过去脱离实际，脱离生产，改造为恢复、发展国家生产事业服务。"① 新中国成立后，中国共产党和中央人民政府及时接管了国民党反动统治遗留下来的高等学校，但并没有完全摧毁原国民党政府的旧高等教育，而是坚持维持正常教育秩序、逐步完成社会主义改造的稳妥方针，"对原国民党政府设立的各级各类公立学校，一律实行接收，除极为反动的个别分子听候处理外，其他学校教职员均按原职原薪继续工作"②。这些举措使高等学校的秩序得以恢复，保证了高等教育事业的继承性，原有高等教育事业也得以完整地回到人民手中，中国共产党并以此为基础来发展人民的教育事业。在顺利完成接收工作后，中央政府根据统一的教育方针，有计划地布置和安排，开展全国公立高等学校的行政体制改革工作，收回中央对高等学校的领导权力，并对公立大学内部的行政体制进行改革，确保党对高等学校的集中统一的管理。同时在公立大学内部取消了反动课程和反动的训导制度，开展马克思列宁主义理论学习，进行教师思想改造。在随后的高等教育改革过程中，党和政府结合中国国情，学习和借鉴苏联高等教育改革经验，调整院系，设置专业，进行教学改革，基本构筑起新中国高等教育的框架体系。这些成绩的取得充分证明了中国共产党领导的正确性，同时也充分体现了新中国社会制度的优越性。

在新中国成立初期，中国共产党的文化教育方针是建立民族的、科学的、大众的文化教育。按照这一方针要求，中国共产党从国民党政府手中果断地收回了国家的教育主权，顺利稳妥地完成了对旧的公立、私立大学的接管，在院系调整之后又把私立学校全部改为公立，并逐步改革旧的教育制度、教育内容和旧的教学方法，以适应新中国各项事业建设对培养人才的需要。公立大学的接收和改造是改革旧教育，发展新教育的过程。新中国成立后，中国共产党就对旧教育制度的改革进行了全面部署，要求逐步改造旧教育。新生的人民政权特别强调对旧教育进行逐步改造以适应新中国社会发展的需要，在这个问题上，党的改革意愿是强烈的、积极的、是不愿拖延时间的，当然也是用和平的而不是粗暴方法进行改革。吸取旧教育中的有用经验是党作出的正确判断。旧教育中的封建性、买办性的糟粕是必须剔除的，但是在旧教育中存在有一些民主性、科学性的内容对新教育是有帮助的，应当予以吸收。客观上讲，国民党政府在采用西方教育措施中，有些内容是符合教育发展规律的，在现实的教育发展中也起到一定推动作用。因此在接收旧教育的过程中，我们党能科学地认识旧教育中的正确部分并将其保留下来，是顺利接管旧教育的一个

① 中共中央党史研究室：《中国共产党历史·第2卷（1949—1978）》上册，中共党史出版社2011年版，第150页。

② 中共中央党史研究室：《中国共产党的九十年》（社会主义革命和建设时期），中共党史出版社、党建读物出版社2016年第1版，第404页。

前提。

在对旧教育顺利完成接收工作之后，党中央和中央人民政府就逐步开始了改造旧教育，创办人民新型教育的历程。中国共产党以老解放区的教育工作经验为基础，制定了高等学校向工农开门的方针，改造旧的公立大学，创办新型的人民大学，并在广大高校教师中开展了思想改造运动，确立了中国共产党对新中国教育事业的领导权。1950年6月1日，第一次全国高等教育会议召开，会议的主题就是研究制定旧有高等教育的改造方针以及指明新的高等教育建设方向。会议明确提出高等学校要为工农开门，积极为我国培养大批工农出身的知识分子，使其投身于新中国的工业化建设中。1950年6月，中共中央七届三中全会提出了那个时期中国共产党的文化教育基本方针，就是要"有步骤地谨慎地进行旧有学校教育事业和旧有社会文化事业的改革工作，争取一切爱国的知识分子为人民服务"①。这对新中国教育事业的发展有着重要意义。1950年8月，当时的教育部发布了《关于实施高等学校课程改革的决定》，明确要求废除以前那些从政治上看具有反动性的课程，要开设符合新民主主义要求的政治上具有革命性的课程，把课程改革直接与为工农以及生产建设服务联系起来，使之与社会主义制度相适应。改革的目标是实现理论符合实际，培养文化水平高、掌握现代科学技术，能够全心全意地为人民服务的社会主义建设人才。1952年，按照党中央的统一部署，在全国范围内开展了高等学校的院系调整工作，基本确定了新中国高等学校的院系结构。由于我国在这三年尚处于新民主主义革命刚取得胜利阶段，社会的性质决定了教育改革的方向是新民主主义的属性和服务方向。1953年，进入社会主义改造时期后，党在指导教育事业的发展上逐步趋向社会主义，展开了对人的全面发展问题与因材施教相结合等问题的探索，特别强调人才培养中理论与实际相一致，还特别重视高等学校的党建工作，保证新中国公立大学的社会主义办学方向。1955年，中央召开教育工作座谈会，提出"办好教育工作的根本问题就是办好党"，进一步加强学校党建工作，在高等学校设立党委书记，配齐党员校长、副校长，并提出党管学校的要求。随后更加明确地指出社会主义国家里，公立大学的基本任务就是为国家培养具有较高政治觉悟，掌握高端技术技能的重要人才。中国共产党根据《共同纲领》的基本要求，审时度势地制定了各项方针政策，推动公立大学的接收和改造工作的顺利开展。在中国共产党的领导下，新中国的高等教育完成了革故鼎新的历史改革过程，废除了旧有高等教育中落后腐朽的制度和内容，建设了新型的人民的高等教育，奠定了新中国高等教育发展的基础。

---

① 中华人民共和国教育部、中共中央文献研究室编：《毛泽东邓小平江泽民论教育》，中央文献出版社、人民教育出版社、北京师范大学出版社2002年版，第53页。

教育的方向问题历来都是首要问题。新中国的高等教育与国民政府时期的高等教育最本质的区别就在于前者是为人民服务的，是在中国共产党领导下的人民教育事业。中国共产党对高等教育工作的全面领导决定了教育的性质，也关乎高等教育的兴衰成败。为人民服务是高等教育发展首要的目标，公立高等学校的办学性质更决定了它为人民服务的本质特性。中国共产党特别强调新型的人民教育是大众的，是为人民服务的教育方向。新中国成立以后，中国共产党的工作重心开始由战争和革命转变为伟大的社会主义建设。尤其是我国实施第一个五年计划之后，中国共产党对高等教育人才的培养对于大规模经济建设而言，变得更为重要，也受到了更多的重视。中国共产党从人民根本生活需求出发，对新中国公立大学的规模、专业设置和整体布局进行了有效调整。改革有力地促进了我国国民经济的恢复和发展，培养了更多优秀人才。通过高等学校学习的机会，工农群众掌握了实用技能和知识，提升了自身生存和发展能力，也为新中国的高等学校注入了新鲜血液，体现公立大学为以工人阶级为代表的无产阶级服务的本质属性。

"中国特色社会主义最本质的特征是中国共产党领导，中国特色社会主义制度的最大优势是中国共产党领导，党是最高政治领导力量。"[1] 历史和现实反复证明，坚持中国共产党的领导是实现中华民族伟大复兴的必然要求和正确选择。高等教育肩负着为党育人、为国育才的历史重任，只有坚持党的领导，才能保证高等教育事业的社会主义发展方向，体现社会主义教育制度的优越性。新中国成立初期，党中央和中央政府所制定和颁布的一系列关于高等教育的法律法规是完成接管任务的重要保证。面临百废待兴的历史局面，特别是在新旧高等教育转换的历史变革时期，中国共产党以其高瞻远瞩之眼界，审时度势之能力对高等教育的发展形势做出了正确的研判，坚持新民主主义文化教育的发展方向，坚持高等教育与经济社会发展相适应，在改造旧教育，建立人民新教育的过程中制定切实可行的决策措施；并在建立起集中统一的高等教育管理体制的基础上，颁布了相应的法令法规，通过法律制度的形式保障和巩固了新中国成立初期高等教育改革发展的成果。这一系列的重要举措，不仅促进了高等教育事业的稳步发展，为新中国培养了大批优秀的建设者和接班人。这同时也表明中国共产党人对教育特别是高等教育发展规律认识的不断深化，充分体现出中国共产党对马克思主义教育理论在实践活动中的继承、创新和发展。"中国有了中国共产党执政，是中国、中国人民、中华民族的一大幸事。"[2] 总体上看，公立大学接收和改造的成功经验表明：中国共产党是中国特色社会主义事业的坚强领导核心，是最高政治领导力量。毫不动摇地坚持党对高等

---

① 《习近平谈治国理政》第 3 卷，外文出版社 2020 年版，第 94 页。
② 《习近平谈治国理政》第 2 卷，外文出版社 2017 年版，第 20 页。

教育事业的全面领导是高等教育为人民服务的根本宗旨。我们只有坚持马克思主义的指导地位，坚持贯彻和执行党对教育工作的各项方针政策，才能保证高等教育事业的顺利发展。

二、运用马克思主义理论改造旧思想至关重要

五四运动以来，中国在革命、建设、改革等不同历史时期所取得的胜利，都离不开马克思列宁主义的指引。我们之所以能不断地从一个胜利走向另一个胜利，一个非常重要的原因就是创造性地将马克思主义的普遍真理和中国的革命、建设、改革实践紧密地联系起来。从中国共产党建立以后，到土地革命时期、抗日战争时期，再到解放战争时期，中国共产党无论是在马克思主义理论的宣传教育工作，还是在党的思想政治教育工作方面，都积累了丰富的经验。例如中国共产党创办的抗日军政大学就十分重视政治思想教育，根据每学期学员的特点，以及革命形势发展的要求，制定详细的教学计划。抗日军政大学除开设军事理论课程外，还专门开设了政治理论课，包括《马列主义》《政治经济学》《哲学》等课程，还专门开设了《实践论》《矛盾论》《中国革命战争的战略问题》等蕴涵毛泽东思想的课程。再例如中共中央党校，其前身是中央苏区的马克思共产主义学校。它的主要任务是培养党的政治、军事、文化干部。中央党校的学员更是需要全面系统地学习党的理论和重要文件，以及马克思、列宁的重要著作，提高干部整体理论水平。"其主要的公共课有：苏维埃运动史、中共党史、职工运动史、少共史、军事、地理常识、西方革命史。"[①] 此外在实际教学过程中注重培养学生理论与实际相结合，注重锻炼学生理论学习与劳动生产相结合的能力。1948年，华北解放区决定将华北联大、北方大学两个学校合并，成立华北大学，开设专门的政治训练班。这个训练班的任务就是要"给入学的知识青年以马列主义及毛泽东思想的基本知识，初步奠定革命的人生观，了解中国共产党的纲领及政策，体会革命者应有的工作作风"[②]。学习的年限较为灵活，根据实际需要主要从几个月到两年不等。学校充分体现中国共产党教育理论的优势，重视教育与实际相结合，教育与生产劳动相结合。中国共产党通过马克思主义理论的宣传和教育使高校学生划清敌我界限，站稳民族立场和人民立场，树立了为人民服务的革命人生观，实践证明其效果是显著的。这一有益经验是值得继续继承和发展的，可以说"立场问题在任何时候都是思想政治教育中的重要问题，只要帝国主义和非工人阶级的阶级影响还存在，我们都要认真进行这一教育"[③]。马克思主义是代表工人阶级的科学理论武器，是指导工人阶级取得革命胜利进而获得自身

---

① 于述胜：《中国教育通史·中华民国卷》（下），北京师范大学出版社2013年版，第345页。
② 陈元晖：《老解放区教育简史》，教育科学出版社1981年版，第144页。
③ 顾明远：《中国教育大系·马克思主义与中国教育》（下），湖北教育出版社1994年版，第1187页。

解放的学说。新中国的成立是马克思主义基本原理与中国社会具体实际相结合的又一次胜利，创造性地开辟了一条适合中国情况的发展道路。我国的高等学校，特别是社会主义公立大学应当以马克思主义理论为指导，引导高等学校学生树立正确的世界观和人生观，明确为人民服务的思想。这是中国共产党在革命根据地取得的宝贵经验，也是中国共产党对马克思主义理论认识的逐步提高。但在旧有的高等学校中，资产阶级和其他剥削阶级通过思想灌输的方式来维护他们的阶级利益，特别是资产阶级腐朽、落后的旧思想严重影响了新中国思想政治教育的先进性。随着接管工作的推进，教职员工和学生中还有一些错误思想，特别是那些一味维持现状，拒绝改造，消极被动的情绪严重阻碍了接收和改造工作的顺利进行。因此在对旧有公立大学进行改造的过程中，党和政府十分重视对师生旧思想和旧观念的改造，通过全面批判封建主义的、资本主义的思想，积极运用马克思列宁主义、毛泽东思想等理论武装师生头脑，主要是在学习的基础上建立马克思列宁主义的基本观点，批判各种资产阶级和小资产思想。通过思想改造运动，马克思主义在高等学校的指导地位最终得以确立，高等学校的学生普遍树立起了正确的人生观和价值观。

在公立大学的学生教育方面，1949 年 10 月，华北高等教育委员会发布了《各大学专科学校文法学院各系课程暂行规定》。这份文件是我国大学课程改革的重要开端之一。这次课程改革是新民主主义的教育方针的一次具体实践，也是开始运用马克思列宁主义的立场、观点、方法来改革封建主义、资本主义课程的一项重要举措。高校通过课程改革，加强了学生政治理论课程的学习，引导学生树立正确的思想认识，能自觉树立为人民服务的思想意识。随后根据课程改革的需要，政治课程的学习成为改革的中心环节。高等学校强化学生政治理论课程的学习，保证学生能自觉抵制错误思想的侵蚀，树立正确的人生观和价值观。

在公立大学的教师学习方面，周恩来同志多次强调教育者首先要受教育，在改革旧教育的同时也包括对广大高校教师的思想改造，加强马克思列宁主义的学习。高校教师如果没有树立起全心全意为人民服务的思想，没有用马克思列宁主义思想来武装自身，那么高等教育的改革将会受到重重阻力。因此，要想在思想领域扫清改革的障碍，首先要通过马克思主义理论的学习来实现思想认识上的提升。在当时公立大学通过组织教师学习《新民主主义论》《中国革命与中国共产党》《共同纲领》以及时事政策等，使其提高思想觉悟，不同程度地接受马克思列宁主义与毛泽东思想的基本观点。1951 年 9 月，一场针对教师的思想改造学习运动开始在全国开展起来。这次运动的主要目的是改造教师腐朽落后的资产阶级思想，提高高等学校教师掌握马克思列宁主义、毛泽东思想的理论水平，使高等学校密切结合国家的建设，为改革高等教育做思想上的准备。首先在中央教育部的领导下，北京天津各高等学校率先开始学习运动。"学习着重在听报告，学文件，组织讨论。"① 在学习方法上还特别"强调必须联系自己的思想和工作，必须运用自我批评与批评的方法，因此，学习形式必须采取集体讨论"②。这种有效的学习方式在全国得到推广，各地高等学校都展开了行之有效的学习和思想改造运动。从 1952 年开始，这次思想改造运动逐步地从教师群体扩大到整个知识分子群体。1 月 5 日，政协全国委员会第 34 次会议发布了《关于开展各界人士思想改造的学习运动的决定》，明确号召各民主党派、各级政府机关、各人民团体以及工商界和宗教界人士都应该开展思想改造学习运动。以此为开端，全国规模的知识分子思想改造运动就逐步形成，取得了良好效果。这次思想改造运动使广大教师明确了政治立场，对资产阶级一些落后和腐朽的思想进行了深刻批判，初步改变了高等学校师生的精神面貌，更进一步确立了党对高等学校的领导。

历史经验表明，马克思主义作为科学理论，可以引导学生树立正确的世界观、人生观和价值观，坚定理想信念，它对于高等学校思想政治建设具有不可替代的作用。社会主义公立大学的办学性质和宗旨决定了要在高校坚持马克思主义的指导地位，需面向师生开展马克思主义理论学习教育，这也是社会主义公立大学区别于资本主义公立大学的一个重要特征。"历史和人民选择马克思主义是完全正确的，中国共产党把马克思主义写在自己的旗帜上是完全正确的。"③ 正是坚持了马克思主义的理论指导，树立正确的政治立场，才保证了中国共产党对公立大学接收和改造工作的顺利进行，为高等教育改革扫清了思想上的障碍。当然是全面贯彻党的教育方针、坚持新中国公立大学的社会主义方向的一项重要举措。历史经验充分证明，只有坚持马克思主义在意识形态的指导地位，加强马克思主义理论的宣传和学习，才能保证中国共产党对公立大学的全面指导，保证公立大学的社会主义性质和方向，使高校成为宣传和教育马克思主义理论的重要思想阵地。

三、教育教学改革促使公立大学平稳转变性质

历史和实践的经验表明高等教育发展听关键是改革。改革的主要动因是社会的变革、发展与高等教育之间的矛盾变化。而这种矛盾变化主要是社会的变革与发展同高等教育之间适应状态的变化。"当社会变革、发展对高等教育制度提出改革要求，或者说高等教育不能适应社会变革、发展之需要时，改革在于使高等教育在一个新的水平上与社会发展相适应。"④ 新中国成立初期，在对旧有公立大学完成接收

---

① 方直：《开展高等学校教师中的思想改造学习运动》，《人民教育》1951 年第 11 期。
② 方直：《开展高等学校教师中的思想改造学习运动》，《人民教育》1951 年第 11 期。
③ 习近平：《论中国共产党的历史》，中央文献出版社 2021 年版，第 202 页。
④ 潘懋元：《中国高等教育百年》，广东高等教育出版社 2003 年版，第 79 页。

任务，收回领导权之后，旧有高等教育中有诸多不适应新政权建设的内容，高等教育改革的目标就是通过改革使其提升到一个新的水平，以适应社会发展的新需要。"新中国高等教育改革的任务，是要把半殖民地半封建性质的、深受欧美资产阶级反动思想毒害的旧的高等教育，彻底转变为工人阶级思想领导的、适合国家建设需要的新高等教育。"① 因此，在对公立大学进行接收和改造的过程中，党和政府取消了其原有的反动课程和反动的训导制度，增设了马克思列宁主义政治理论课程，逐步稳定了教学秩序，顺利地建立了有利于中国共产党长期执政的、适应新中国经济社会发展需要的高等教育。高等教育改革是全面的、全方位的，涵盖诸多领域，最核心的是推动教育本质的转变，以及对高等教育的制度、教学体系等方面的改革。改革的目标是促使高等教育与社会发展相适应，这是这场改革的初衷也是改革所要达到的效果，通过改革使高等教育焕发出新的生命力。

（一）对改革的正确认识是促进教育教学改革顺利完成的前提

从新中国成立到 1956 年社会主义改造基本完成的七年时间里，我国的公立大学一般都进行了课程改革、思想改造、院系调整和教学改革等工作，改革取得了一定成效。这场高等教育改革的实践表明，改革是促进高等教育发展的动力，只有改革才能为高等教育事业注入新的生命力，促进高等教育事业的蓬勃发展。对改革的正确认识是促进改革顺利实现的关键。高等教育的改革不可能是一蹴而就的，也不会是一帆风顺的，在改革的过程中必然会遇到这样那样的问题，关键是要对高等教育改革有正确的认识和判断。新中国成立初期，遭受战争破坏的国家满目疮痍，经济发展相对落后。这样的复杂环境决定了改革的长期性和艰巨性，党中央和人民政府多次强调对旧教育的改革不能急于求成，要逐步进行改革。那些过于急躁，甚至想通过简单粗暴的方式进行改革的思想都是不正确的。"我们一方面必须深刻认识教学改革工作的长期性，复杂性和艰巨性，克服贪多冒进思想，同时又要反对安于现状的保守思想。"② 一方面要认识到，高等教育的改革不能像暴力革命那样的方式进行。革命是一个阶级推翻另一个阶级的统治，而改革则是对旧有的生产关系和上层建筑进行局部或根本性的调整，改革是社会发展的强大动力。在新中国成立后，人民教育系统内部不存在阶级之间的斗争，因此不能通过暴力革命的方式改革教育事业。另一方面，高等教育的改革也不是简单的修补。高等教育制度的改革涉及人民教育事业的整体发展和未来新中国高等教育事业发展的整体走向，具有奠基作用，甚至是牵一发而动全身，需要顶层设计和通盘考虑。因此只将希望寄托于简单的因循守旧或者全盘否定等的过往做法都不能使改革实现预期效果。党和政府正确分析

① 马叙伦：《五年来新中国的高等教育》，《人民教育》1954 年第 10 期。
② 《为实现全国综合大学会议的决议而奋斗》，《人民日报》1953 年 10 月 15 日第 3 版。

了当时社会发展的实际情况，及时果断地做出决策。随后通过接管旧有公立大学，开展院系调整、高等教育教学改革等措施，使得新中国高等教育的发展以平稳方式实现性质的根本转变。

历史经验表明，新中国在高等教育方面进行的改革，以及对旧高等教育进行的改造，使人民掌握了我国高等教育的主权，促进了高等教育与社会发展相适应。院系调整促使公立大学的院系结构更趋合理，对培养适应新中国各项建设需要的人才起到推动作用；学制改革保障了新中国全体人民，特别是工农劳动人民和工农干部受教育的权利；高等学校的教学改革，在统一培养目标、培养规格以及建立健全教学工作的组织领导，提高高等教育的质量等方面都起到了积极推进作用。这些举措为新中国成立初期的人才培养奠定了坚实基础。新中国以马列主义、毛泽东思想为指导，推动高等教育事业从为帝国主义、封建主义、官僚资本主义服务改造成为人民服务、为新中国建设事业服务。历史和实践证明，中国共产党对高等教育改革的正确认识是顺利完成改革工作的重要前提。改革实现了中国共产党在高等教育领域的领导地位，也是推动我国高等教育发展的巨大动力和重要举措。

（二）系统化的改革推动公立大学教育教学工作全面革新

在正确认识高等教育改革重要性的基础上，党和政府在实践中推动了高等教育系统的全面革新。新中国成立初期，在对公立大学进行接收和改造的过程中，也涉及了对高等教育的全面改革，其中包括课程改革、教学改革、学制改革、院系调整等多方面的内容，改革的根本目的是适应新中国经济社会全面发展的需要。1949年12月，召开了第一次全国教育工作会议。会议强调，高等教育改革的一般原则是以老解放区兴办新教育的经验为基础，参考当时苏联的先进经验，建设新民主主义教育。这次会议还决定新中国的教育应转向为工农服务。创办中国人民大学，作为完全新式高等教育的起点。1950年6月，第一次高等教育会议提出高等教育改革的原则性问题，特别是逐步实现对高等教育的统一集中领导；从旧中国欧美式旧型大学向苏联模式新型大学转变，重点是学习苏联经验，并改革高等教育。与此同时，1950年8月，中央人民政府教育部发布《关于实施高等学校课程改革的决定》，提出废除政治上的反动课程，开设新民主主义革命政治课程。实施课程改革，改变旧教育脱离实际的情况，使教学内容逐步适应国家建设的需要。其关键是提高师资质量和培养新师资，一方面通过有计划有步骤地加强高等学校的科研工作来培养高校教师，另一方面用科学的观点和方法编写适合新中国高等学校所用的教材。改革的目标是实现理论与实际相一致，培养新中国的建设者和接班人。

1951年10月，当时的政务院颁布了《关于改革学制的决定》，明确规定我国高等学校实施多样化的学制。《决定》把高等学校分为大学、专门学院和专科学校三个类别，规定了专门大学和大学是平等的地位，规定了专科学校和专修科的地位与制度。专门学院修业年限为 3 至 5 年，专科学校修业年限为 2 至 3 年。为贯彻该项决定，对旧有的高等教育制度、教学组织进行重大改革，教育部颁布新的学制，通过法令的形式明确建立起了人民的高等学校系统。新学制还特别考虑到新中国经济社会发展的不平衡性，"新学制的各项规定不能不有极大的灵活性，教育的组织形式更需要有极大的多样性"①。根据改革实际过程中出现的课程负担过重的问题，1954 年，中央政府和教育部又将部分工科、综合大学和极少数农、医等院校的学制延长一年。学制改革对高等教育制度实行了根本改革。新学制解除了对吸收工农分子进入高等学校的多种限制，有利于工农干部和工农劳动者同等享受高等教育的权利，开创了人民教育发展的新局面。

1952 年，参照苏联经验，党和政府以培养工业建设人才和师资为重点，开展了大规模的全国院系调整工作。这次调整工作是改变旧有的高等学校设置混乱、系科重叠、教学脱离实际状况的一次根本性改革，通过减少综合型大学，大力发展理工科型院校，使我们能够按照社会主义的原则来改造高等学校的工作，为我国的社会主义建设培养了一大批专业技术人才，有力地推动了我国高等教育的快速发展和全面进步，促进公立大学更好更快地适应国家建设的现实需要。1953 年 8 月，全国高等工业学校行政会议颁布了《关于稳步进行教学改革逐步提高教学质量的决议》，强调要学习好、运用好苏联的先进经验，克服急躁情绪，稳步地继续进行高等工业学校的教学改革，"1953 年本科及专修科学工科的学生，占全部高等学校学生总数的 37.7%，而在 1947 年工科学生仅占 17.82%"②。进一步适应了国家大规模工业化建设对人才的需求，而其他各系科的调整也基本按照各方面事业发展比例需要进行。在继承革命根据地以往教育工作优良传统的基础上，借鉴苏联经验，人民政府领导各高校改订教学计划，同时对教学内容、教学方法等进行了全面改革，这是改变旧高等教育本质的根本性改革，取得了良好成绩。

新中国成立初期，党对公立大学的接收与改造总体是成功的，在接收阶段中，对旧有公立大学的平稳接收保证了正常课堂秩序的展开，也实现了对校舍和知名教授学者的保护。在改造阶段中所进行的一系列教育改革措施着实推动了我国高等教育事业的发展。但是新中国成立初期的这场接收与改造工作是在学习苏联高等教育经验的基础上展开的，是中国共产党领导高等教育事业的一次探索和尝试。在改革的过程中必然会出现各种失误和不足，成绩固然值得肯定，失败也应客观看待。对于无产阶级政党来说，培养人才所期望的便是"代替那存在着阶级对立的资产阶级旧社会的，将是这样一个联合体，在那里，每个人的自由发展是一切人的自由发展

① 钱俊瑞：《用革命精神实施新学制》，《人民教育》1951 年第 11 期。
② 马叙伦：《五年来新中国的高等教育》，《人民教育》1954 年第 10 期。

的条件"①。这也就表明，通过教育培养出全面发展的人才，而不是囿于专业限制，无法适应社会的发展和变化。可在当时我国在人才培养模式上缺乏足够经验可以遵循，在学习苏联的过程中，一味强调苏联模式的重要性，过于强化改革的政治性而忽视了从教育发展规律和人才培养规律来看问题。高等教育的发展"要面向未来，既要看到当前的效果，更要预计到长远的后果。在急需人才的情况下，在培养人才的专业分工上，专一些是难免的，但对今后的发展又有不利的一面"②。所以当时由于大规模生产建设的需要，国家摒弃了欧美"通才"教育，学习苏联"专才"教育的方式，虽在一定程度上缓解了新中国成立初期工业建设与专业人才需求之间供需紧张矛盾，但不可避免地带来高等教育专业化发展带来的科学分工上的局限性，不利于从全面发展的角度来培养人才。

在院系调整的过程中，"一刀切"的做法没有充分考虑各地、各高校的实际情况，无法发挥地方高校特色和主动权，直接影响到了高等教育的质量。时任教育部部长马叙伦在全国综合大学会议上明确提出了"在某些地方调整时未能照顾到某些大学的原有优点与科系特长及本身的实际需要，或者移重就轻，使其多年积累起来的代表该校特点的教学基础失掉应有的作用，或者把某些重要科系连根拔掉，使该校其他相关的教学和研究工作受到很大影响"③。可以说，当时的院系调整工作是计划经济时代的产物，"高度统一"使得一些院校过早地独立办学，自身力量略显薄弱。院系调整时学习苏联经验，过高、过急地培养专门人才，形成了单科性专门院校为主、单一的公有制社会主义高等教育体系与制度。亲身经历过院系调整的清华大学钱逊教授就曾说过："院系调整以后那样文理工分开，确实集中力量，比较快地培养了一批工程师，培养了一大批科学技术人才，适应了当时国家建设的需要。但回过头来看，从人的成长来说，不全面，缺乏一种人文修养。"④ 随着高等教育的发展，这一问题的弊端逐渐暴露出来，特别是"从大学理念的完备性角度来审视这种将大学设置基准以单科为主的制度模式，为以后大学的健康发展埋下了极大的隐患"⑤。调整使得一部分高校的学科特点被掩盖，尤其是人文社会科学，"1947年文法商科在校学生在大学生总数中占47.6%，1952年降到22.5%，1957年又降到9.6%"⑥。从数据上看，人文社科类大学的教学和科研都没有受到足够的重视，从

---

① 文学国：《马克思恩格斯列宁斯大林论教育》，中国社会科学出版社2016年版，第45页。
② 何东昌：《何东昌论教育》，人民教育出版社2009年版，第450页。
③ 马叙伦：《关于综合大学的方针和任务的报告》，见中央人民政府高等教育部办公厅：《高等教育文献法令汇编》第1辑，1954年版，第16页。
④ 赵丽明：《清华口述史》，中国文史出版社2013年版，第26页。
⑤ 曾羽：《中国高等教育制度变迁及创新研究》，复旦大学出版社2015年版，第82页。
⑥ 《中国教育年鉴》编辑部：《中国教育年鉴》（1949—1981），中国大百科全书出版社1984年版，第239页。

而受到了较大的影响。尤其是院系调整中"通过学科合并提高了培养效率，但是拆散了许多高质量的名牌大学，使其整体学术水平有所下降，则得不偿失"[①]。那时，高校的合并也将私立高校全部改为或者并入公立高校，一方面使得国家在财政支出方面的负担过重，另一方面也使得社会办学人士的积极性受到削减。

第二节　公立大学接收与改造的主要启示

资政、育人和存史是历史研究的重要功能。习近平总书记强调："通过对党历史发展规律的揭示，为人们正确认识现实和改造现实提供历史依据和历史启示。"[②]在对中国共产党接收和改造公立大学的这段历史研究中，本书试图还原这场接收和改造过程的全部面貌，以历史唯物主义和辩证唯物主义为指导，全面反映高等教育改革的历史原貌，客观地对其历史贡献予以评价和分析，既充分肯定成绩，又正视改造过程中的失误和教训。历史"是一位智者，同历史对话，我们能够更好认识过去、把握当下、面向未来"[③]。在重温这段历史的过程中，最重要的是正视这段历史的成效与偏差，得出党对公立大学领导和治理的规律性认识，实现高等教育发展为人民服务，为中国共产党治国理政服务的目标。1949 年，在中国绝大部分国土都已解放之后，党和国家工作的主要任务就由战争转入全面建设的阶段。建设新中国全新的高等教育制度和体系是中国共产党面临的一个重要课题，共产党人以原有革命根据地高等教育的良好经验为基础，特别是注重中国共产党的领导，首要的是加强政治思想教育，理论与实际联系；同时吸收旧教育的某些有用部分，特别是借鉴苏联教育建设的先进经验，开启了新中国党对高等教育革故鼎新建设和改革之路。"高等教育发展水平是一个国家发展水平和发展潜力的重要标志。"[④] 七十多年来，在中国共产党的领导下，我国公立大学的发展不断取得新的突破和进步。时代在发展，我们党对高等教育的认识也越来越深刻、越来越全面。回顾历史，展望未来，有助于我们梳理和借鉴中国共产党领导高等教育事业发展的宝贵经验，也有助于为中国特色社会主义高等教育研究提供历史借鉴。

一、"为人民服务"始终是高等教育改革发展的基本出发点

人民是社会主义国家的主人。中国共产党的性质和宗旨决定了其领导的社会主

---

① 潘懋元：《中国高等教育百年》，广东高等教育出版社 2003 年版，第 144 页。
② 中共中央党史研究室：《历史是最好的教科书——学习习近平同志关于党的历史的重要论述》，中共党史出版社 2014 年版，第 11 页。
③ 《习近平谈治国理政》第 2 卷，外文出版社 2017 年版，第 351 页。
④ 《习近平谈治国理政》第 2 卷，外文出版社 2017 年版，第 376 页。

义教育事业本质上是全心全意为人民服务，是办好人民满意的教育。"为人民服务"始终是高等教育改革的基本出发点。在新中国成立之前，旧有的高等教育是建立在旧中国半殖民地半封建社会性质的基础上，代表着大地主、大资产阶级的利益，指导思想是封建的、买办的、法西斯主义的。其办学的方向是为大地主、大资产阶级统治的旧中国服务的，因此人民特别是广大的工农群众无法获得平等的受教育权利。但是无产阶级领导的人民教育始终是为各个时期人民的最大利益服务的。中国共产党领导的中央苏区时期的高等教育是为当时的阶级斗争服务；抗日战争时期的高等教育为抗战服务；后来为解放战争服务；新中国成立后为经济建设服务。总体而言都是为当时人民的最大利益服务的，其本质和初心始终未变。

新中国成立后，人民成为国家的主人，平等地享有受教育权利。《共同纲领》中明确规定了为人民服务是新中国发展文化教育工作的主要任务。新中国的公立大学就是全心全意为人民服务的新型大学。新中国公立大学的学术研究者"不能以'为学术而学术'或个人的成功为他研究的目的。他的活动要与社会中其他的活动一样以'为人民服务'，为其目的"[1]。也就是说，高校教师进行科研固然重要，但更为重要的是新中国高等教育改革和发展的出发点应该是为人民服务的，这是办好我国高等教育的基础和前提，与旧教育有着本质区别的。围绕为人民服务的宗旨，中国共产党开展了改造旧有高等教育，建设人民高等教育的事业。广大工农群众是社会主义建设的重要组成部分，因此新中国的高等教育坚持为工农开门，保障人民平等地享有受教育权利。中国共产党开创了工农及其子女平等享受教育机会的历史，是中国教育史上的重大突破。这一系列举措不仅体现了新中国高等教育的人民性，为社会主义事业发展培养了各方面的人才，也体现了新中国高等教育是自觉站在人民的立场上想问题、作决策的。在人民当家作主的社会主义国家里，国家发展的需要同人民的需求在根本上是一致的。在为人民服务宗旨的指导下，高等教育事业的发展本质是促进新中国文化教育事业的整体发展，对新中国成立初期经济社会的发展起到推动作用。

新中国高等教育七十多年的发展历程表明，在中国共产党的领导下，围绕"为人民服务"的宗旨我国高等教育事业迈步向前。1949年，新中国成立时，中国还是一个教育极端落后的国家，文盲占人口的绝大多数。在一个相当落后的农业大国里，中国共产党和新生的人民政权艰辛探索了中国教育事业的发展道路。我国高等教育事业就是在这样艰难环境下，从小到大，在改革发展进程中迈进新时代。究其根源，在于党和政府始终坚持高等教育为人民服务的宗旨。无论历经何种困难，始终把人民享有平等受教育的权利放在首位考虑，这才是高等教育事业取得成功的关键。历

---

[1]　冯友兰：《对于中国近五十年教育思想进展的体会》，《人民教育》1950年第04期。

史向前发展，人民对于教育的需求随着时代的进步在不断改变。从扫除文盲，到人民选择更好的教学质量和更高的学历教育。这种对教育内涵的演变充分体现了人民教育在时代发展中阶段性的不同需求，而其目标是朝向更高更好的教育方向发展，这也为中国共产党的执政提出高的要求。历史辉映未来，中国特色社会主义进入新时代，我国社会主要矛盾已转化成为人民日益增长的美好生活需要和不平衡不充分的发展之间的矛盾。党中央对新的历史阶段和主要矛盾做出了正确的判断，认识到人民对于高等教育的满意程度是美好的生活的基础和重要组成部分。"人民对美好生活的向往，就是我们的奋斗目标。"① 我们的党是全心全意为人民服务的党，党的责任就是为人民过上幸福生活而奋斗，这必然包含人民对享有更好教育的追求。2018 年 9 月 10 日至 11 日，全国教育大会召开，习近平总书记出席会议并发表重要讲话，提出要坚持以人民为中心发展教育，办好人民满意的教育。办人民满意的高等教育是满足人民日益增长的美好生活需要的重要举措，也是衡量教育质量高低的重要标准。办好人民满意的教育，这与新中国高等教育确立的为人民服务的宗旨一脉相承，也是以人民为中心的题中应有之义。新时代办人民满意的教育就是要"坚持以人民为中心的教育发展思想，抓住人民最关心最直接最现实的利益问题，不断实现好、维护好、发展好最广大人民根本利益，努力使全体人民学有所教，学有良教"②，努力让人民享有更好、更公平的教育，这是新时代高等教育改革发展的目标和方向，也是新中国成立七十多年来传承教育为人民服务宗旨的重要体现。在坚持中国共产党领导的基础上，加强顶层设计，还要"问政于民"，从人民的角度出发探寻高等教育发展的新举措，办"人民满意的教育"。

七十多年来，无论是百废待兴、举步维艰的新中国起步阶段，还是社会主义建设、改革的时代新主题新要求，中国共产党始终把"为人民服务"作为高等教育改革的出发点，"始终把人民立场作为根本立场，把为人民谋幸福作为根本使命，坚持全心全意为人民服务的根本宗旨，贯彻群众路线，尊重人民主体地位和首创精神"③，坚持以人民为中心发展教育，"坚守人民至上的价值立场，不断满足人民对更好教育的期待，使全体人民在共建共享发展中有更多教育获得感，获得发展自身、奉献社会、造福人民的能力"④。这些思想充分体现了中国共产党人民至上的价值理念，深刻地反映了中国特色社会主义教育的根本追求。新中国高等教育始终是在中国共产党领导下，以马克思列宁主义为指导，传承全心全意为人民服务的宗旨，从"教育为工农开门"到"办人民满意的教育"，表明中国共产党在实践过程中深刻地

① 《习近平谈治国理政》第 1 卷，外文出版社 2018 年版，第 4 页。
② 陈子季：《办人民满意教育的理论与实践》，湖北教育出版社 2018 年版，第 19 页。
③ 《习近平谈治国理政》第 3 卷，外文出版社 2020 年版，第 136 页。
④ 杨晓慧：《习近平总书记教育重要论述讲义》，高等教育出版社 2020 年版，第 133 页。

认识到社会主义高等教育的发展规律，认识到工农群众是社会主义新中国的主人、党永远的依靠力量。全心全意为人民服务的宗旨是党制定高等教育法律法规，也是进行高等教育改革的出发点。"我国高等教育发展要为人民服务，为中国共产党治国理政服务，为巩固和发展中国特色社会主义制度服务，为改革开放和社会主义现代化建设服务。"① 这些年我国教育事业改革发展的实践证明：衡量高等教育改革的成败关键是看改革的成果是否惠及全体人民，是否同我国发展的现实目标和未来方向紧密结合。习近平总书记反复强调，要着力践行以人民为中心的发展思想，始终围绕着为人民服务的宗旨和初心。"一个社会谋求发展的动力，就是唤起普通民众对当下社会价值的认同，这样他们才会全力以赴参与到执政党所号召的诸多建设之中，同时动员和影响周围的其他人群。"② 新中国高等教育改革的成功探索不仅源于党正确的政策和措施，人民至上的治国理政思想，更源于民众对于党领导的高等教育事业的支持与认同。在改革和发展的过程中，人民切身感受到了共产党人夙夜在公、无私奉献的精神品质，共享惠及全体人民的改革成果，进而在实践中支持党的领导，用实际行动推动高等教育事业的发展。

二、坚持社会主义方向是办好公立大学的根本前提

新中国的高等教育改革是坚持社会主义方向，把握时代脉搏、与时俱进发展和前进的。唯物辩证法认为事物是普遍联系和永恒发展的，任何事物都不是孤立和静止的，高等教育的发展亦是如此。"综合研判世界发展大势，经济全球化是不可逆转的时代潮流。"③ 基于此，随着经济全球化时代的到来，世界各国间的联系较之以往更加密切和深厚，经济、文化等领域日益交融。高等教育的发展需要在坚定社会主义方向的基础上，顺应时代发展潮流，在学习和交流中不断进步。研究新中国的高等教育史不能孤立地就教育论教育，而要与当时的中国乃至世界的社会政治、经济和文化发展变化联系起来。我国独特的历史文化和国情，决定了我们必须要坚定社会主义发展方向，不能跟着西方亦步亦趋，要扎根中国大地办教育。与此同时，近现代中国高等教育发展过程不是单纯的高校发展历史，而是融入社会历史发展的大背景下，审时度势地通过改革和创新，学习和借鉴西方高等教育成功经验，改造传统高等教育中不能适应社会主义新中国发展要求的内容，努力赶上世界先进高等教育发展水平的历史进程。简而言之，坚持社会主义方向，把握时代发展脉搏是建设高等教育事业的必由之路。经济社会的发展表明，教育已逐步成为推动社会发展的原动力，是一个国家兴衰成败的关键。我国公立大学的改革和发展必须站在科学

---

① 《习近平谈治国理政》第 2 卷，外文出版社 2017 年版，第 376–377 页。
② 文红玉：《新中国成立初期中国共产党政治认同建设研究》，人民出版社 2019 年版，第 272 页。
③ 《习近平谈治国理政》第 3 卷，外文出版社 2020 年版，第 194 页。

社会主义制高点上，把高等教育改革放在国家发展的大背景中进行综合考虑和全局部署。

（一）坚持红专结合、全面发展的人才培养方针

历史的车轮不舍昼夜地向前推进，而每个时代的主题却各不相同。纵观新中国高等教育发展的历史，在每一次国家做出大的战略布局时，中国的高等教育都能把握时代发展脉搏，适时地做出相应策略回应。革命根据地时期，由于革命和战争形势的发展需要，急需大批的知识干部补充到各行各业，以保证党领导的革命事业取得胜利。为顺应革命时代的要求，党的高等学校在不同的历史时期，培养和造就了几十万的知识干部，通过这些新型的高等学校为革命根据地各项建设事业培养了各类干部人才，极大地促进了根据地的革命与建设事业的发展。例如"抗大"注重理论与实际相结合的教学原则，培养出来的干部不仅懂得革命理论，还能运用理论解决革命中遇到的实际问题。"在八年抗战中，'抗大'总校共办了八期，加上各分校共为国家民族培养了20多万优秀的抗日军政干部。"[1] "抗大"对国家民族和社会的进步做出了巨大贡献，在极其艰难的历史条件下取得如此成绩实属不易，在我国高等教育史上有着重要的意义。中国共产党领导的革命根据地高等学校培养了大批根据地急需的骨干和政治力量，他们政治觉悟高，组织纪律性强，毕业后积极投身到革命战争和生产建设中，并动员成千上万的群众投入到革命战争和经济文化建设中，为根据地建设做出了重要贡献。

1949年春，全国的解放已成定势。3月，中共中央召开七届二中全会，部署了全国解放后的工作，特别强调在同帝国主义者、国民党反动派、资产阶级作斗争的同时，有序地开展我们的建设事业，尤其是恢复和发展城市中的生产事业。在文化教育领域同样也要服务于生产建设。因此，民主改革任务还需要继续完成，遭受战争破坏的国民经济亟待恢复和发展，新生的人民政权需要进一步巩固。艰巨的任务和复杂的情况促使高等教育面临重大转折。顺应时代发展的要求，这一时期教育的基本任务是收回教育主权归属人民，具体而言就是为彻底完成新民主主义革命任务而服务，在全国范围内继续建设新民主主义教育。在这样的社会经济背景下，必须在顺利完成旧有公立大学的接收工作，收回教育主权之后，对高等教育进行社会主义改造。总体目标是对旧中国的高等教育进行扬弃后，构建起符合社会主义建设所需要的新中国高等教育体制及人才培养模式。因此，中国的高等教育建设在新中国成立后，及时地明确了旧教育改造的步骤和重点，以及确立新教育的性质、方针、任务，以适应新中国成立初期经济社会发展的形势，根本上是为社会主义的新中国培养又红又专的建设者和接班人。进入社会主义建设时期，随着改革的深入推进，

---

[1] 郝维谦、龙正中主编：《高等教育史》，海南出版社2000年版，第28页。

1981 年，《关于建国以来党的若干历史问题的决议》提出人才培养，要"坚持德智体全面发展、又红又专、知识分子与工人农民相结合、脑力劳动与体力劳动相结合的教育方针"[①]。1995 年颁布实施的《中华人民共和国教育法》规定了教育必须为社会主义现代化服务，以及建立德智体全面发展的人才培养目标，进而以法律的形式强化了教育为社会主义现代化建设服务的方向。

纵观历史发展，每个国家都是按照自己的政治要求进行人才培养。中国特色社会主义事业越向前发展，面对的新情况和新问题就会越多，机遇和风险也会越来越多。特别是在全面建设社会主义现代化国家的今天，党和国家事业的发展对科学知识和优秀人才的需要更为迫切。面对新形势的变化，我国高等教育不能故步自封、裹足不前。公立大学在培养人才时应当注重"不断提高与时代发展和事业要求相适应的素质和能力，努力在全面建设小康社会、全面建设社会主义现代化强国的伟大事业中建功立业"[②]，努力培养红专结合，德智体美劳全面发展的社会主义建设者和接班人。

（二）坚持与社会主义的社会经济发展同向同行

为与当时的国民经济恢复和民主改革相适应，我国的高等教育顺应社会主义发展要求，把握时代脉搏，迅速做出政策回应。"只要把握历史发展大势，抓住历史变革时机，奋发有为，锐意进取，人类社会就能更好前进。"[③] 基于对当时历史情况的正确判断，中国共产党积极开展对旧高等教育的接收和改造工作，使旧中国的高等教育回到人民手中，确立高等教育中党的领导地位，明确高等教育发展方向，走上了为人民服务的新轨道。《共同纲领》中还明确了加强劳动者的业余教育和在职干部教育。响应政策要求，高等教育提出了教育为工农服务的各项方针和具体举措，一方面是开办附属工农速成中学，作为工农升学的预备班，另一方面就是在招生时对具备入学条件的工农干部与工农青年给予一定的政策倾斜和关怀照顾。为明确高等教育与新民主主义社会的政治、经济和文化的关系，1950 年 6 月，第一次全国高等教育会议召开，确定了新中国高等教育制度改革的基本方针与方向，开始了为社会培养掌握现代科学和技术成就的高级建设人才；之后又颁布了《高等学校暂行规定》《关于高等学校领导关系的决定》《关于实施高等学校课程改革的决定》等，通过法令法规的形式保证高等教育为新民主主义革命服务。为响应国家对培养专门人才的需求，中共中央和政务院决定，从 1951 年起，以苏联为样板，对全国高等学校分期分批进行院系调整。通过 20 世纪 50 年代的两次院系调整，高等院校基本适应

---

① 中共中央文献研究室编：《三中全会以来重要文献选编》（下），中央文献出版社 2011 年版，第 170 页。

② 杨晓慧：《习近平总书记教育重要论述讲义》，高等教育出版社 2020 年版，第 118 页。

③ 习近平：《论中国共产党的历史》，中央文献出版社 2021 年版，第 214 页。

了当时国民经济发展的要求。苏联高等教育的成功经验给予当时中国高等教育发展重要启示，学习苏联经验成为高等教育改革的重要环节和主要内容。如前所述，为顺应学习苏联建设经验，发展人民高等教育的需要，1950 年正式创办的中国人民大学是学习苏联经验，建设人民的新型大学的重要开端。中国人民大学招收工农干部、模范工人、劳动英雄、青年知识分子入学，培养国家建设的高级干部。为了更好地直接学习苏联相关经验，"从 1950 年到 1957 年间，中国人民大学先后共聘请了苏联专家 98 人，为全国聘请苏联专家最多的高等学校"①。这批专家在中国人民大学学习借鉴苏联经验方面发挥了积极作用。到 1956 年，中国人民大学已成为一所培养马列主义师资和财经、政法干部为主的新型正规大学，为我国建设新式的人民大学提供了成功的范例。

随着三年经济恢复时期的结束，新中国迅速治愈了战争创伤，社会生产力不断提升。1952 年秋，党中央制定了社会主义过渡时期的总路线和总任务，决定要逐步实现国家社会主义工业化，并逐步实现国家对农业、手工业和资本主义工商业的社会主义改造。自 1953 年开始，我国实施了国民经济第一个五年计划，重点发展国营的重工业，这是新中国进行全面建设的开始，教育事业被纳入国家计划轨道。根据有计划按比例发展的要求，对高等教育事业进行了统筹安排。这一时期我国计划在苏联的帮助下，建设 156 个重点工程为中心调整工业布局，同时全面部署各项建设事业，从而为我国初步工业化打下坚实的基础，因此在这一大规模经济建设中国家对各级各类专门人才的需求量急剧攀升。在这样的大背景下，高等教育不是关起门来搞建设，而是从政治社会发展大背景出发，响应国家建设要求，继续贯彻"整顿巩固，重点发展，提高质量，稳步前进"的方针，在增加数量的同时，不断提高教育质量。根据过渡时期的总路线和工业发展情况，国家学习和运用苏联先进经验，逐步推进高等学校的教学改革，最大限度地为国家工业化建设培养人才。随着社会主义过渡阶段的到来，高等教育对人才的培养也更加注重道德品质和素养的提升。为此，教育部和高等教育部在高等学校学生思想政治教育工作的指导思想上，也逐步开始运用社会主义思想来引导和教育学生。在高等教育的社会主义方向和社会主义过渡时期德育目标的指引下，准确把握时代脉搏，顺应社会主义发展需要，注重培养学生共产主义的道德品质，进而逐步引导公立大学走上社会主义的轨道。新中国成立初期，中国共产党领导公立大学的接收与改造过程，不仅探索了高等教育自身发展规律，在坚定社会主义方向的基础上构建起新中国的高等教育体系，同时还注重从国际国内大局出发，回应时代变革要求，在当时提出一系列方针政策推动高等教育事业发展，为培养新中国各方面建设人才发挥了积极的作用。

---

① 王凤玉：《借鉴与创新：中国近现代高等教育的成长历程》，黑龙江人民出版社 2002 年版，第 155 页。

"方向决定前途，道路决定命运。"① 高等教育的改革必须坚持社会主义方向，紧扣时代的主题，始终保持与社会主义社会的经济发展同向同行。每个时代主题的变化对高等教育事业发展都会提出不同的要求。教育必须服从和服务于经济社会发展的全局，服从和服务于一定历史时期党和国家的中心工作。特别是高等教育的发展要从中国社会发展的宏观背景下着眼，要扎根中国大地办教育，以我们正在做的事情为中心，通过公立大学的发展为社会主义现代化建设提供强大的人才和智力支撑。当前，我们国家最鲜明的时代主题就是要实现中华民族伟大复兴的中国梦。随着中国特色社会主义进入新时代，我国社会的主要矛盾和社会实际情况都发生了深刻的变化，这些都给高等教育提出了新的要求。我国高等教育必须坚持走社会主义发展道路，"历史和现实都告诉我们，只有社会主义才能救中国，只有中国特色社会主义才能发展中国，这是历史的结论、人民的选择"②。只有坚持社会主义发展方向，坚持改革创新，高等教育制度才会越来越完善。中国特色社会主义的公立大学是以人民为中心的，同时也应坚定社会主义方向，正确把握时代发展脉搏，站在历史新的起点上不断完善政策和制度措施，培养社会主义的建设者和接班人。

三、学习和借鉴他国经验应与中国实际相结合

中国共产党对公立大学接收和改造的过程，是中国高等教育自身发展中必然经历的历史进程，同时也是一个不断学习和借鉴他国高等教育成功经验，将国外高等教育经验与中国实际相结合，创造出符合中国国情的教育制度的过程，所以说这是一个中国化的过程。中国共产党历来重视在借鉴他国经验的基础上发展自己的道路，也积累了宝贵的经验。成长和发展始终是学习、借鉴和摸索的过程，有成功也必然会出现各种认知上的错误和偏差，最重要的经验是始终坚持理论和实践相结合，在坚持中国特色的基础上，吸收其他国家的先进经验，不断发展壮大。

（一）学习和借鉴他国经验应以符合本国国情为基础

学习借鉴外国经验要端正态度，既不盲从又不一概否定，重要的是以本国国情为基础，结合中国的实际。新中国成立初期，中国共产党在认识新旧教育的差别时，特别强调要结合中国的实际情况。新旧教育最大的差别就在于教育是否与生产劳动相结合，这是中国共产党在实践过程中得出的一个重要经验和结论，是马克思主义理论与中国实际相结合的重要内容。旧中国的高等教育，多是向欧美模式借鉴，在学制、教育体制、教育内容和教学方法等方面，都深受其影响。资产阶级的学术作风导致旧有公立大学培养出来的大学生常常眼高手低，理论与实际联系不紧密，脱

---

① 习近平：《论中国共产党历史》，中央文献出版社2021年版，第228页。
② 《习近平谈治国理政》第1卷，外文出版社2018年版，第22页。

离群众。在革命根据地时期，特别是抗日战争时期的特殊条件下，经济工作和教育工作是两个重要教育内容。面对当时中国特殊的国情，离开经济工作谈教育或者学习是不切实际的，教育的根本任务就是要为革命建设和社会生产服务的。因此毛泽东同志特别强调，在发展教育事业的同时，注重与生产劳动的结合，但又要考虑到各个学校的不同性质，不因生产劳动耽误学习。为推动革命根据地各项事业的发展，革命根据地的高等教育不仅重视政治思想教育、军事文化教育，还非常重视开展生产劳动教育。坚持教育与生产劳动相结合是马克思主义教育学说和毛泽东教育思想的重要内容。在革命时期，毛泽东同志提倡并有效实行的教育与生产劳动相结合的伟大实践，使得几千年传统思想中教育与生产劳动相脱节的观念遭到巨大冲击。在高等学校里建立起了理论联系实践，从实践中来，到实践中去的优良学风。由于革命战争和建设的需要，各高等学校都注重理论与实际的结合，重视生产劳动，把劳动课程作为学校的必修课程。这既满足了特殊条件下自给自足生产建设的需要，又培养了干部，还实现了教育与生产劳动的结合。在中央苏区时期，红军大学就已开始实施教育与生产劳动相结合的方针，这是中国共产党直接领导下的第一所高等军事学校。红军大学在成立之初就非常重视教育与生产的结合，以及理论与实际的联系。红军大学在学习军事理论的基础上，鼓励学生进行劳动实践。红军大学鼓励学生亲身参加建筑学校校舍的劳动，学校设有军人书店、军人合作社、畜牧场、园圃等地方，在保证自给自足的基础上，实现教育与生产劳动相结合。抗战时期的延安大学又继续将其发扬光大。延安大学将劳动教育列为教育方针，明确规定学校的教育生产要相结合，特别是要与各项实际工作相结合，这就与旧形式的大学完全不同。延安大学的学生通过辛勤劳动不仅使师生改变了轻视劳动的旧观念，同时也加深了学员对工农群众的深厚感情，打下了知识分子走与工农兵相结合道路的基础。教育与劳动生产相结合的教育思想是中国共产党将马克思主义理论与中国实践相结合的一个成功经验。

在革命根据地时期的中国共产党积累了宝贵经验，新中国成立后，中国共产党一方面吸收老解放区的成功经验，另一方面开始借鉴和学习苏联高等教育的成功经验。在学习苏联高等教育经验过程中，中国共产党和中央政府在怎么学习的问题上的指导思想是明确的，反复强调要将苏联经验与中国实际情况相结合，反对教条主义的学习方法。但事实上，当时在贯彻执行中央关于学习苏联高等教育方针时出现了认识和行动上的偏差，部分人认为只有苏联的高等教育才是先进的、社会主义的，而资本主义国家的高等教育经验都是反动的。他们没有认识到即便苏联高等教育经验是成功的，也不一定完全适合有着悠久历史文化传统的新中国，从而对我国原有高等教育的经验以及其他国家的有益经验盲目批判，特别是弱化了中国高等教育自身发展中形成的一些优势和经验的继承和弘扬。缺乏对我国的实际情况进行全面正确的判断，照搬照抄苏联高等教育模式和经验成为常态，这种"一面倒"的错误思想导致了我们高等教育改革诸多方面出现了问题和偏差。究其原因在于，长期的落后挨打，滋生出自卑的民族心理，容易将国外经验绝对化而顶礼膜拜，这是一种不正常的文化交流心态。受这种心理的影响，在当时未能对苏联高等教育的缺点和错误进行全面的、历史的分析和研究，具有盲目性。在学习国外经验问题上，毛泽东同志指出"要把民族自信心提高起来"[①]，要对我们的民族历史文化有自信，即使"将来我们国家富强了，我们一定还要坚持革命立场，还要谦虚谨慎，还要向人家学习，不要把尾巴翘起来"[②]，就是要我们辩证地看待不忘本来与吸收外来的关系。既要对我们民族文化感到高度自信，不盲目自卑；又要谦虚地学习他国有益的经验。习近平总书记也提道："文化自信，是更基础、更广泛、更深厚的自信，是更基本、更深沉、更持久的力量。"[③] 只有不忘本来，将民族自信心提高起来，才能在吸收外来的过程中以自身深厚的民族力量为基础实现更好的发展。可在当时，我们不能客观地认识到苏联成功的教育经验并不一定适合中国的国情，在学习的过程中也未能结合中国实际，而是把苏联经验绝对化和神圣化。这种脱离实际的盲目学习，也导致我们只从政治角度谈学习，忽视了对其他国家高等教育先进经验的学习和借鉴，直接影响了我国高等教育建设的速度和质量。在学习苏联的实际过程中出现过快过急的问题，缺乏学习过程中对外部条件和内在因素的全盘考虑，更重要的是未能客观地分析当时中国政治、经济和历史文化情况，灵活变通地创造中国化的高等教育制度。

新中国成立后，中国共产党坚持运用马克思列宁主义理论来指导中国的实践。可面对百业待举的局面，我们要建设与新民主主义和社会主义制度相适应的高等教育制度，这一点上没有经验可循，已有三十多年建国经验的社会主义国家苏联成为我们学习和借鉴的对象。特别是当时各个帝国主义国家对我们进行封锁的形势也决定了学习苏联经验是必然选择。1950 年 6 月，第一次全国高等教育会议召开，明确提出了学习苏联经验的做法，提倡各高等学校多参与苏联的教科书和各种材料的学习，在学习苏联建设经验的同时特别强调要与中国建设实践相结合。1953 年 11 月，党和政府又明确提出各类学校特别是高等学校要把教育改革作为工作的中心环节，再次强调参照苏联的先进经验，又要密切结合中国的实际。公立大学随即普遍建立起了教学研究指导组，开始编订新课程和适用的教科书。在院系调整过程中，高等学校参照苏联经验制订教学计划、教学大纲，编译部分主要科目的教材；不断推进专业设置、教材编审、课堂教学、实验实习等环节的改革，极力克服旧中国教育中

① 《毛泽东著作选读》（下册），人民出版社 1986 年版，第 743 页。
② 《毛泽东著作选读》（下册），人民出版社 1986 年版，第 743 页。
③ 《习近平谈治国理政》第 2 卷，外文出版社 2017 年版，第 349 页。

出现的高等教育理论与实际相脱节的弊端。从客观上来看，苏联高等教育经验从思想体系到教材和教学方法，都是具有社会主义性质的。当时的教育改革基本上是以苏联的教育经验为模式，对于新生的政权具有重要的借鉴意义，对于改造旧教育、建设新教育，奠定社会主义教育制度的基础起到了积极的作用。1957年11月，在纪念苏联十月革命胜利四十周年前夕，高等教育部部长杨秀峰肯定了学习苏联方针的积极意义，"八年来，各高等学校已为国家培养了三十六万九千名毕业生，比解放前五十年中的毕业生总数还多十五万人；按照新的教学计划、教学大纲培养出来的毕业生，在建设岗位上已表现了一定的理论联系实际和独立工作能力。这一切成绩的取得，都是与广大教师在党和政府的正确领导下积极学习苏联先进经验密不可分的"[①]。诚然，由于当时坚持从国家建设的实际出发学习苏联经验的方针，这一系列的改革在当时的历史条件下也是必要的，成绩值得肯定，对新中国教育制度的建立和发展，产生了积极的影响。

（二）学习和借鉴他国经验应以探索适合自身发展道路为目标

我们在学习苏联的过程中，也在一定程度上逐步探索自身高等教育发展的特色，在借鉴的过程中力求结合中国实际创造符合中国国情的制度体系。在学习和借鉴苏联经验时，我们也走过不少弯路。新中国成立之初，第一次全国教育工作会议提出了教育工作的总方针，指出要借助苏联教育建设的经验来建设新民主主义教育。这里对苏联教育经验的学习还只是"借助"和"借鉴"的过程，中国共产党明确提出以苏联经验为指导是符合历史条件的。问题是在1952年院系调整之后，对苏联高等教育经验的学习却变成了全盘吸收的方式，强调先搬后化的方法。中央多次强调高等教育的改革要将学习苏联经验与中国实际相结合，实际上却出现了严重形式化偏差，不能从中国实际出发学习苏联经验，简单地照搬照抄苏联高等教育模式，给我国高等教育事业带来了不少消极影响。一些地方要求不打折扣地百分之百学习苏联，偏离了实际的要求。其结果必然会造成无法全盘消化的困境，带来不小的损害。毋庸置疑，苏联高等教育有很多值得肯定的地方，是我们学习和借鉴的根本原因。但是教育体制也存在诸多弱点，例如在体制上就是统一管理的过多、过死，缺乏地方的灵活性。"这种培养模式否定了学生的个性差异，也妨碍了学生的学习主动性、创造性的发挥和因材施教地培养人才。"[②] 因此学习和借鉴他国经验，最重要的是在实践中探索适合自身发展的道路，才能指导中国高等教育改革的具体工作。

"要学习的是真正有用的、先进的经验。有用的、先进的经验最终要通过实践来检验。"[③] 我们在学习苏联经验的过程中，也在探索结合自身高等教育的特点和发

---

① 杨秀峰：《坚持学习苏联的方针》，《人民日报》1957年11月6日，第7版。
② 方晓东、李玉非等：《中华人民共和国教育史纲》，海南出版社2002年版，第91页。
③ 何东昌：《何东昌论教育》，人民教育出版社2009年版，第450页。

掘实践中的问题进行改革。例如在进行高等教育学制改革的过程中，1950 年 10 月，中央人民政府颁布了《政务院关于改革学制的决定》，规定了高等教育学制年限。根据专业的不同，以及高校学生对所学知识的吸收和运用程度，随后高教部提出《1954 年的工作总结和 1955 年的工作要点》，于 1956 年发布《关于在部分高等农林学校改变学制的通知》，根据国情的发展逐步将一部分高校的学制改为 5 年，保证了今后的长足发展。从这一点上看，我们在学习苏联的过程中走过弯路，但总体而言在借鉴的基础上是有所创新的，也在当时基本构建起了新中国高等教育发展的框架。因此学习和借鉴他国的成功经验，是任何时候都不能回避的话题。问题在于态度是否正确，是否通过借鉴和学习走向创新的道路。今天的世界是开放的世界，我们不能再关起门来办教育。要在学习和借鉴它国经验中，吸收其优秀因素为我所用，在创新和发展中实现中国化。

学习和借鉴的最终目标是创造中国特色的高等教育。历史和现实都一再表明，我们学习任何一个国家高等教育的经验，都不能再采用拿来主义的态度。每个国家的历史、文化背景各不相同，高等教育的发展情况也有着巨大差异。在学习苏联先进高等教育制度的过程中，我们要从中国的实际出发，在模仿和借鉴中创造出符合自身特点的教育制度模式，最重要的就是实现中国化的过程。在革命根据地时期，中国共产党根据马克思列宁主义理论的指导，在高等教育改革方面结合实际创造了许多独创性的经验。新中国成立初期，中国共产党对旧教育的接收和改造，是一次教育制度上的根本性创新，使我国的教育至此走上了社会主义教育发展的全新道路。以 1952 年的院系调整为例，这次调整虽受苏联教育模式的影响不可避免出现一系列后遗症，但院系调整的重要成果在于当时根据中国工业化建设的需要创建了一批专门的院校，培养了大批专门人才，这些人才后来在我国工业、航天科技领域发挥了重要的作用。对公立大学的顺利接管、院系调整等无一不是中国共产党领导下的，高等教育改革探索的创新性尝试，是中国特色高等教育发展的重要阶段。之后的课程改革和教学改革所取得的成功经验都一再证明在借鉴和学习的过程中，更重要的是创造新中国高等教育制度的独特性。

（三）学习和借鉴他国经验需不断深化对高等教育发展规律的认识

学习和借鉴的过程中需不断深化认识，在实践中推动中国特色社会主义高等教育的发展。在顺利完成对旧有公立大学的接收工作后，中国共产党对新中国高等教育发展规律也是在探索中前进的。起初是以苏联为蓝本进行设计和规划，从课程改革、教材制定和行政体制等方面全套模仿苏联模式。例如在课程体系设置上，1949 年至 1956 年，我国公立大学是以苏联高等学校的教学计划为蓝本的，这种课程体系有助于在改造旧教育的基础上，以较快的速度培养经济建设和社会发展所需的各方面高级专门人才。然而，苏联高等教育最大的缺点是高度集中，统一管理，缺乏灵活性。高度集中统一就很少能照顾到地方的特殊性，管理过于集中又削弱了学校自身的主动权。特别是在实际中操之过急，存在照抄照套苏联教学计划的倾向。统一的教学计划、统一的教学大纲、统一的教材无不体现着"大一统"的培养模式，缺乏自身特色，不利于因材施教。在教学改革的过程中，公立大学学习苏联模式制作教学大纲。但由于教学大纲过多，缺乏灵活性，而专业的划分又过细、过窄，严重束缚了学生独立思考和独立工作的能力，妨碍了高级人才的培养。在之后的发展实践中党和中央政府逐步认识到这些问题，及时调整了认识上的偏差，推动高等教育发展朝着社会主义方向前进。

历史和实践也在证明，中国有着独特的历史、文化和国情，高等教育的发展必须坚定不移地走自己的道路。新中国公立大学的接收和改造过程，给我国高等教育发展以深刻的启示，他山之石可以攻玉，我们要虚心借鉴和学习人类创造的一切文明成果。结合我国国情，学习和借鉴国外高等教育的先进经验，这是一个不断探索创新，进行再次创造的过程。在这个探索的过程中，存在有失误甚至照抄照搬别国经验，出现教条主义都是难免的，但最重要的是对高等教育发展规律的探索是一个认识、实践、再认识、再实践的过程，绝不是一次就能完成的。特别是借鉴他国高等教育中有价值的内容，可以选取部分地区进行试点研究，待取得经验后再做适当推广，并在实践过程中及时发现可能存在的问题，纠正偏差并制定相应的对策，在实践中得到成功经验后再逐步推广。实践中可以积累宝贵经验，而实践的过程也是结合中国实际不断探索，形成自身特色的过程。中国高等教育的发展要结合中国政治社会发展的实际情况，不能妄自菲薄，更不可复制粘贴式地照搬别国经验。一个国家的教育制度必须与其政治、经济制度以及文化和历史背景密切联系起来，相互配合和协调共进。"立足中国实际，坚持扎根中国大地办教育，遵循教育规律，坚持改革创新，吸收世界各国有益的办学经验，"[1] 在学习借鉴他国经验的基础上实现中国化的过程。更为重要的是，我们要不断深化对社会主义办学规律的认识，在实践中探索更多更为有效且符合中国国情和教情的办法，促进中国特色社会主义教育事业的蓬勃发展。

---

① 杨晓慧：《习近平总书记教育重要论述讲义》，高等教育出版社 2020 年版，第 114 页。

参 考 文 献

（一）经典著作

[1] 中共中央马克思恩格斯列宁斯大林著作编译局．马克思恩格斯选集（1–4卷）[M]．北京：人民出版社，2012．

[2] 中共中央马克思恩格斯列宁斯大林著作编译局．马克思恩格斯文集（1–10卷）[M]．北京：人民出版社，2009．

[3] 中共中央马克思恩格斯列宁斯大林著作编译局．列宁选集（1–4卷）[M]．北京：人民出版社，2012．

[4] 中共中央文献研究室．毛泽东文集（1–6卷）[M]．北京：人民出版社，1993–1999．

[5] 毛泽东．毛泽东选集（第3卷）[M]．北京：人民出版社，1991．

[6] 中共中央文献研究室．毛泽东书信选集 [M]．北京：人民出版社，2003．

[7] 中央教育科学研究所．周恩来教育文选 [M]．北京：教育科学出版社，1984．

[8] 中共中央文献编辑委员会．周恩来选集（下卷）[M]．北京：人民出版社，1984．

[9] 中共中央文献研究室．周恩来年谱（1889—1949）下 [M]．北京：中央文献出版社，2007．

[10] 人民教育出版社．毛泽东论教育 [M]．北京：人民教育出版社，2008．

[11] 刘少奇．刘少奇论教育 [M]．北京：教育科学出版社，1998．

[12] 邓小平．邓小平文选（1–2卷）[M]．北京：人民出版社，1994．

[13] 人民教育出版社．毛泽东同志论教育工作 [M]．北京：人民教育出版社，1958．

[14] 中华人民共和国教育部、中共中央文献研究室．毛泽东邓小平江泽民论教

育［M］．北京：中央文献出版社、人民教育出版社、北京师范大学出版社，2002.

　　［15］习近平．习近平谈治国理政［M］．北京：外文出版社，2014.

　　［16］习近平．习近平谈治国理政（第1卷）［M］．北京：外文出版社，2018.

　　［17］习近平．习近平谈治国理政（第2卷）［M］．北京：外文出版社，2017.

　　［18］习近平．习近平谈治国理政（第3卷）［M］．北京：外文出版社，2020.

　　［19］习近平．论中国共产党的历史［M］．北京：中央文献出版社，2021.

（二）文献汇编

　　［1］中共中央文件选集．一九四九年十月～一九六六年五月（第1—24册）［G］．北京：人民出版社，2013.

　　［2］建国以来重要文献选编（第3册）［G］．北京：中央文献出版社，2011.

　　［3］建党以来重要文献选编（1921—1949）第26册［G］．北京：中央文献出版社，2011.

　　［4］中央人民政府政务院，文化教育委员会．文教政策汇编 第1辑［G］．北京：新华书店，1950.

　　［5］教育文献法令汇编（1949—1952）［G］．北京：中华人民共和国教育部办公厅，1958年印行.

　　［6］高等教育文献法令汇编（1949—1952年）［G］．北京：高等教育办公厅，1958.

　　［7］高等教育文献法令汇编（第3辑）（1955年1—12月）［G］．北京：高等教育部办公厅，1956.

　　［8］中华人民共和国建国以来高等教育重要文献选编（上册）［G］．上海：出版社不详，1979.

　　［9］《当代中国》丛书教育卷编辑室．当代中国高等师范教育资料选（上）［G］．上海：华东师范大学出版社，1986.

　　［10］宋恩荣，章咸．中华民国教育法规选编（1912—1949）［G］．南京：江苏教育出版社，1990.

　　［11］王卫国．建国以来教育同生产劳动相结合法规文献汇编［G］．北京：教育科学出版社，1995.

　　［12］陈大白．北京高等教育文献资料选编（1949—1976）［G］．北京：首都师范大学出版社，2002.

　　［13］何东昌．中华人民共和国重要教育文献（1949—1975）［G］．海口：海南出版社，2003.

　　［14］中共北京市委组织部．中国共产党北京市组织史资料：普通高等学校卷

［G］．北京：中央文献出版社，2011．

（三）档案

［1］首都高等教育十年成就的报告［B］．北京市档案馆，档案号：001-022-00393．

［2］北平国民教育概况统计表［B］．北京市档案馆，档案号：001-023-00001．

［3］关于1952年教育工作总结报告［B］．北京市档案馆，档案号：011-002-00243．

［4］各大学院调整及分系科中学生思想教育的总结［B］．北京市档案馆，档案号：100-001-00106．

［5］团市委大学部关于高等学校团的工作、报告、总结［B］．北京市档案馆，档案号：100-001-00137．

［6］高等学校及中等学校的教育计划（1954年度）［B］．北京市档案馆，档案号：011-002-00113．

［7］首都高等教育十年成就的报告［B］．北京市档案馆，档案号：001-022-00393．

［8］关于1952年教育工作总结报告［B］．北京市档案馆，档案号：011-002-00243．

［9］高等学校基本情况统计数字［B］．北京市档案馆，档案号：001-022-00081．

［10］高校党委关于清华大学实行教师工作量制度的办法报告［B］．北京市档案馆，档案号：001-022-00137．

［11］各大学专科学校文法学院各系课程暂行规定［B］．北京市档案馆，档案号：ZG001-001-0026600467．

［12］高等学校政治思想工作报告（一）［B］．北京市档案馆，档案号：100-001-00707．

（四）报刊

［1］金凤．北大、清华等校党的支部公开 党与群众联系更加密切［N］．人民日报，1949-07-01（2）．

［2］北大通讯组．北大中共总支等五单位举行中苏友好座谈大会二千余人热烈讨论学习苏联陈绍禹同志出席作总结发言［N］．人民日报，1949-09-12（4）．

［3］陈泓．北京各大学的课程改革工作［N］．人民日报，1949-10-17（4）．

［4］金凤．完成各大学初步改造 华北高教会结束 董必武作总结报告［N］．人民日报，1949-10-21（4）．

［5］金凤．教授学生团结互助 北大清华教学改进 开始以马列主义观点进行教学［N］．人民日报，1949-12-09（3）．

［6］钱俊瑞．在全国教育工作会议上钱俊瑞副部长总结报告要点［N］．人民日报，1950-01-06（3）．

［7］马寅初．北京大学教员的政治学习运动［N］．人民日报，1951-10-23（3）．

［8］柏生．中央教育部召开高等学校会议 审查课程改革实施情况 钱副部长指出各校课程改革的优缺点［N］．人民日报，1951-01-31（3）．

［9］郭沫若．四年来的文化教育工作和今后的任务［N］．人民日报，1953-10-01（5）．

［10］张健．贯彻高等学校的基本建设方针［N］．人民日报，1954-01-09（3）．

［11］戴月．高等学校的教学生活［N］．1956-12-07（7）．

［12］马叙伦．第一次全国高等教育会议闭幕词［J］．新华月报，1950（3）．

［13］冯友兰．对于中国近五十年教育思想进展的体会［J］．人民教育，1950（5）．

［14］钱俊瑞．当前教育建设的方针［J］．人民教育，1950（1）．

［15］钱俊瑞．当前教育建设的方针［J］．人民教育，1950（1）．

［16］马叙伦．关于第一次全国工农教育会议的报告［J］．人民教育，1951（1）．

［17］钱俊瑞．团结一致，为贯彻新高等教育的方针，培养国家高级建设人材而奋斗［J］．人民教育，1950（8）．

［18］张宗麟．改革高等工业教育的开端［J］．人民教育，1952（1）．

［19］凌雨轩、吴镇东．上海交通大学政治课教学经验［J］．人民教育，1953（8）．

［20］马叙伦．高等教育的方针、任务问题［J］．人民教育，1953（4）．

［21］胡锡奎．中国人民大学学习苏联经验的总结报告［J］．教学与研究，1954（10）．

［22］马叙伦．五年来新中国的高等教育［J］．人民教育，1954（10）．

［23］王亚南．过渡时期总路线向我们高等学校教育工作者提出的要求［J］．厦门大学学报（文史版），1954（10）．

（五）专著

［1］腾纯．毛泽东教育活动纪事［M］．长沙：湖南教育出版社，1993．

［2］王焕勋．马克思教育思想研究［M］．重庆：重庆出版社，1988．

［3］文学国．马克思恩格斯列宁斯大林论教育［M］．北京：中国社会科学出版社，2016．

［4］刘少奇．刘少奇论新中国经济建设［M］．北京：中央文献出版社，1993．

［5］金冲及．周恩来传［M］．北京：中央文献出版社，1998．

［6］费正清．剑桥中华人民共和国史（1949—1965）［M］．北京：中国社会科学出版社，1990．

［7］中央教育科学研究所．中华人民共和国教育大事记（1949—1982）［M］．北京：教育科学出版社，1983．

［8］中共中央党史研究室．中国共产党历史第二卷（1949—1978）上册［M］．北京：中共党史出版社，2018．

［9］当代中国研究所．中华人民共和国史稿第一卷（1949—1956）［M］．北京：人民出版社，2012．

［10］共和国教育50年1949—1999．中华人民共和国教育部编［M］．北京：北京师范大学出版社，1999．

［11］中共中央党史研究室．中国共产党的九十年（社会主义革命和建设时期）［M］．北京：中共党史出版社，党建读物出版社，2018．

［12］中国早期马克思主义者的教育思想研究［M］．南京：南京大学出版社，2011．

［13］蔡元培谈教育［M］．沈阳：辽宁人民出版社，2015．

［14］冯友兰论教育［M］．北京：人民教育出版社，2010．

［15］费孝通．大学的改造［M］．北京：商务印书馆，2017．

［16］《中国教育年鉴》编辑部．中国教育年鉴1949—1981［M］．北京：中国大百科全书出版社，1984．

［17］潘懋元．中国高等教育百年［M］．广州：广东高等教育出版社，2003．

［18］卢礼阳．马叙伦［M］．北京：群言出版社，2014．

［19］国家教育委员会计划建设司．中国教育成就［M］．北京：人民教育出版社，1991．

［20］刘英杰主．中国教育大事典（1949—1990）［M］．杭州：浙江教育出版社，1993．

［21］刘颖．除旧布新——新中国成立初期中共对高等教育的接管与改造［M］．北京：人民出版社，2010．

［22］熊明安．中国近现代教学改革史［M］．重庆：重庆出版社，1999．

［23］熊明安．中华民国教育史［M］．重庆：重庆出版社，1997．

133

［24］高奇．中国高等教育思想史［M］．北京：人民教育出版社，1992．

［25］曲士培．中国大学教育发展史［M］．太原：山西教育出版社，1993．

［26］李华兴．民国教育史［M］．上海：上海教育出版社，1997．

［27］《中国高等学校简介》编审委员会．中国高等学校简介［M］．北京：教育科学出版社，1982．

［28］（韩）尹钟．中国高等教育50年回顾与展望 普通·成人·少数民族高等教育 1949.10-现在［M］．沈阳：辽宁民族出版社，2000．

［29］方晓东等．中华人民共和国教育史纲［M］．海口：海南出版社，2002．

［30］萧超然，沙健孙，周承恩，梁柱．北京大学校史（1898—1949）［M］．上海：上海教育出版社，1981．

［31］清华大学校史编写组．清华大学校史［M］．北京：中华书局出版社，1981．

［32］清华大学校史研究室．清华大学史料选编·第五卷（解放接管与院系调整时期）［M］．北京：清华大学出版社，2005．

［33］清华大学校史研究室．清华大学史料选编·第六卷（第三分册）［M］．北京：清华大学出版社，2009．

［34］中国高等教育学会，清华大学．蒋南翔文集［M］．北京：清华大学出版社，1998．

［35］北京师范大学校史编写组．北京师范大学校史（1902—1982）［M］．北京：北京师范大学出版社，1982．

［36］郝维谦，龙正中．高等教育史［M］．海口：海南出版社，2000．

［37］李景田．中国共产党历史大辞典（社会主义革命和建设时期）［M］．北京：中共中央党校出版社，2011．

［38］周良书，朱平，俞小和等．中国高校辅导员工作史论［M］．北京：人民出版社，2016．

［39］龚海泉．20世纪的中国高等教育（德育卷）［M］．北京：高等教育出版社，2003．

［40］李斌．"向苏联老大哥学习"运动纪实［M］．北京：东方出版社，2014．

［41］陈兴明．中国大学"苏联模式"课程体系的形成与变革［M］．北京：社会科学文献出版社，2012年版．

［42］杨天平，黄宝春．中国共产党教育方针90年发展研究［M］．重庆：重庆大学出版社，2015．

［43］盖青．1921—1949：中国共产党创建和领导的高等教育研究（上）［M］．广州：广东教育出版社，2012．

［44］陈学飞．中国高等教育研究 50 年（1949—1999）［M］．北京：教育科学出版社，1999.

［45］董孟怀．百年教育回眸［M］．北京：中国经济出版社，2000.

［46］顾明远．中国教育大系．马克思主义与中国教育（上）［M］．武汉：湖北教育出版社，1994.

［47］胡建华．现代中国大学制度的原点—50 年代初期的大学改革［M］．南京：南京师范大学出版社，2001.

［48］曾羽．中国高等教育制度变迁及创新研究［M］．上海：复旦大学出版社，2015.

［49］金以林．近代中国大学研究（1895—1949）［M］．北京：中央文献出版社，2000.

［50］曲士培．抗日战争时期解放区高等教育［M］．北京：北京大学出版社，2005.

［51］舒新城．近代中国教育思想史［M］．上海：上海三联书店，2014.

［52］（加）许美德．中国大学 1895—1995 一个文化冲突的世纪［M］．许洁英译．北京：教育科学出版社，1999.

［53］（日）大塚丰．现代中国高等教育的形成［M］．黄福涛译．北京：北京师范大学出版社，1998.

［54］王东杰．国家与学术的地方互动：四川大学国立化进程（1925—1939）［M］．北京：生活·读书·新知三联书店，2005.

［55］文红玉．新中国成立初期中国共产党政治认同建设研究［M］．北京：人民出版社，2019.

［56］王凤玉．借鉴与创新：中国近现代高等教育的成长历程［M］．哈尔滨：黑龙江人民出版社，2002.

［57］李芬．新中国成立初期中国共产党执政研究［M］．石家庄：河北人民出版社，2015.

［58］肖东波．新中国成立初期中国共产党执政实践研究 1949—1956［M］．北京：中央文献出版社，2013.

（六）期刊论文

［1］佘君，刘颖．建国初期中共对接管与改造高等教育的思考［J］．社会科学研究，2009（3）.

［2］苏渭昌．五十年代的院系调整［J］．高等教育学报，1989（4）.

［3］李涛．关于建国初期中国高等学校院系调整的综合述评［J］．北京航空航

天大学（社会科学版），2004（4）．

　　[4] 巫春华．略论我国50年代的院系调整 [J]．中国高教研究，2001（4）．

　　[5] 王久长．50年代院系调整的得与失 [J]．辽宁高等教育研究，1995（2）．

　　[6] 庞守兴．20世纪50年代初我国高校院系调整的几点辩证 [J]．河北师范大学（教育科学版），2012（01）．

　　[7] 建国初期全国高等学校院系调整文献选载（一九五一年——一九五三年）[J]．党的文献，2002（6）．

　　[8] 李琦．建国初期全国高等学校院系调整述评 [J]．党的文献，2002（6）．

　　[9] 陈磊，栗洪武．也论新中国成立后十七年的高等教育改革 [J]．高等教育研究，2015（8）．

　　[10] 肖卫兵．近代国立大学发展分析 [J]．教育评论，2012（1）．

　　[11] 苏渭昌．高等学校的接管—公立高等学校的接管 [J]．高等教育研究，1987（1）．

　　[12] 周良书．1949年—1956年：中共在高校中的建设 [J]．党史研究与教学，2009（2）．

　　[13] 郑刚，余子侠．20世纪50年代湖北省高校院系调整及其影响 [J]．高等教育研究，2005（6）．

　　[14] 张翠．1949—1956年中国高等教育制度变迁的历史启示 [J]．高等教育研究学报，2009（3）．

　　[15] 曾繁辂．对建国初期高等教育学习苏联经验的历史回顾和思考 [J]．中国高等教育（半月刊）1999（23）．

　　[16] 曾繁辂．办好社会主义大学的指针——学习毛泽东同志关于高等教育论述的体会 [J]．高等教育研究，1993（12）．

　　[17] 辛勇．论毛泽东教育思想对当前高等教育改革的启示 [J]．毛泽东思想研究，2006（11）．

　　[18] 徐东．毛泽东与建国初期我国高等学校院系调整 [J]．毛泽东思想研究，2006（4）．

　　[19] 吴自华．周恩来对新中国高等教育事业的贡献 [J]．毛泽东思想研究，2010（3）．

　　[20] 白云．毛泽东教育改革思想对高等教育创新的启示 [J]．教育探索，2006（1）．

　　[21] 赵京．对新中国成立初期高校教学改革中学习苏联问题的认识 [J]．当代中国史研究，2012（2）．

［22］张健．周恩来与新中国成立初期的高等教育变革［J］．当代中国史研究，2014（4）．

［23］刘颖．北平军管会对清华大学的接管［J］．当代中国史研究，2010年（4）．

［24］叶张瑜．建国初期教会大学的历史考察［J］．当代中国史研究，2001（3）．

［25］欧阳雪梅．刘少奇与中国人民大学的创建［J］．当代中国史研究，2011年（3）．

［26］李江源．论周恩来的高等教育质量思想［J］．高等教育研究，1998（2）．

［27］董节英．50年代高等教育制度改革的先导：课程改革［J］．首都师范大学学报（社会科学版），2008（6）．

［28］杨兰英，张绍春．论刘少奇的高等教育思想［J］．教育评论，2009（3）．

［29］郑璐．建国初期高校院系调整的评价与反思［J］．教育评论，2011（6）．

［30］胡建华．关于建国头17年高等教育改革的若干理论分析［J］．南京师范大学报（社会科学版），2000（4）．

［31］杨俊．论新中国成立初期中国共产党领导新文化建设的历史实践［J］．马克思主义研究，2018（12）．

［32］刘书林．新中国70年高校思想政治教育发展主要经验和规律［J］．思想教育研究，2020（7）．

后　记

　　历史之车轮以其不可阻挡之势前进，留给我们更多的是对过往历史的深刻认知与经验启示。中国共产党对公立大学的接收和改造是党治国理政之初一次积极有益的探索，在新中国高等教育发展史上留下了浓墨重彩的一笔。新中国成立初期，中国共产党以开拓创新之精神对旧有公立大学进行接收和改造，在没有太多经验可循的历史状况下，通过平稳过渡的方式实现了对国民政府统治下的公立大学的接收工作，收回了教育主权。依据老解放区高等教育发展的经验，并在苏联高等教育模式的指导下，中国共产党对旧有公立大学进行了顺利的改造工作。从欧美式的"通才"模式转变为苏式的专才培养模式，在特定的历史条件下是符合中国国情需要的。从1949年新中国成立到1952年是国民经济恢复时期，中国共产党主要依据老解放区革命建设经验，巩固了人民政权，恢复了遭战争破坏的国民经济。自1953年开始执行国民经济第一个五年计划，我国在学习苏联模式的基础上国家开始了大规模的工业化建设，到1956年底我国基本完成了对农业、手工业、资本主义工商业的社会主义改造。新中国在中国共产党的领导下，通过短短七年的时间迅速恢复了遭受战争破坏的国民经济，通过两次大规模的院系调整，我国的高等院校从210所增加至1957年的229所，设置专业323种。我国通过调整高等学校分为综合类、工业类、师范类、农林类、医药卫生类、财经类、政法类、艺术类、语言类、体育类、少数民族类等多种院校，学术门类及专业设置更加齐全和完善，这为新中国培养了大批为社会主义事业服务的建设者和接班人。党中央和中央政府实现了对公立大学的集中统一领导，加强了新型高等学校中马克思列宁主义的指导地位，摒弃了国民党统治时期腐朽落后的教学方法和内容，以俄为师，在教学内容、教学方法等内容进行全面改革，最终实现了社会主义新型高等学校的建设目标，进而基本构建起新中国高等教育制度的框架，培养大批新中国各行各业的建设者和接班人。

　　以史为鉴，我们可以更好地面向未来。新中国成立初期的这场对旧公立大学的接收和改造工作有诸多可资借鉴的内容。时代在发展，我们党对高等教育的认识也越来越深刻、越来越全面。回顾历史，展望未来，有助于我们梳理和借鉴中国共产党领导高等教育事业发展的宝贵经验，也有助于我们为中国特色社会主义高等教育研究提供历史借鉴。时代的变迁促使高等教育的发展面临新的机遇和新的任务。"只有对党昨天的奋斗有深切了解，才能做好今天的现实工作，承担起明天的新的使命。"① 七十多年来在中国共产党的领导下，我国公立大学的发展不断取得新的突破和发展。时至今日，在中国特色社会主义现代化建设的关键时刻，中国共产党始终不忘初心，牢记使命，发展高等教育的根本在于为人民谋福利，实现人民平等享有高等教的权利，为党的治国理政服务。在继续推进以政府管理为主体的公立大学发展的同时，加强对公立大学的改革更为重要。改革需要开拓创新的精神和勇气，以及对时代发展审时度势的敏锐洞察力。我国要通过改革深化高等教育的发展，实现新时代人才培养的目标。中国的高等教育始终是为人民服务的，始终是为中国共产党治国理政服务的。

教育兴则国家兴，教育强则国家强。教育的发展与强大关键要靠中国共产党的领导。历史和现实一再证明，中国高等教育的发展要坚持中国共产党的领导，坚持社会主义办学方向，坚持马克思主义指导地位，全面贯彻党的教育方针，增强自信心和改革创新意识。在时代发展的大背景下，我们应不断深化对社会主义办学规律的认识，扎根中国大地办教育，立足中国国情，学习和借鉴他国高等教育经验，才会使中国的高等教育事业发展的更好，才能为中国特色社会主义现代化建设培养更多高素质的接班人。

---

① 中共中央党史研究室：《历史是最好的教科书—学习习近平同志关于党的历史的重要论述》，中共党史出版社 2014 年版，第 14 页。

图书在版编目（CIP）数据

革故鼎新：新中国成立初期公立大学的接收与改造/李晶著 . —合肥：合肥工业
大学出版社，2023.2
ISBN 978－7－5650－6187－5

Ⅰ.①革…　Ⅱ.①李…　Ⅲ.①公立大学—教育史—中国—现代　Ⅳ.①G649.29

中国版本图书馆 CIP 数据核字（2022）第 227102 号

革 故 鼎 新
—— 新中国成立初期公立大学的接收与改造

李 晶 著　　　　　　　　　　　　　　责任编辑　许璘琳

出　版	合肥工业大学出版社		版　次	2023 年 2 月第 1 版	
地　址	合肥市屯溪路 193 号		印　次	2023 年 2 月第 1 次印刷	
邮　编	230009		开　本	787 毫米×1092 毫米　1/16	
电　话	基础与职业教育出版中心：0551－62903120		印　张	9.25	
	营销与储运管理中心：0551－62903198		字　数	179 千字	
网　址	www.hfutpress.com.cn		印　刷	安徽昶颉包装印务有限责任公司	
E-mail	hfutpress@163.com		发　行	全国新华书店	

ISBN 978－7－5650－6187－5　　　　　　　　　　定价：58.00 元

如果有影响阅读的印装质量问题，请联系出版社营销与储运管理中心调换。